KB121853

비상식적 성공 법칙

일러두기

1. 이 책은 《비상식적 성공 법칙》의 개정판입니다.
2. 독자의 이해를 돕기 위해 100엔을 1,000원 기준으로 환산해 표기하였습니다.

비상식적

성공
법칙

간다 마사노리 지음 서승범 옮김

부의 추월차선에 올라타는
가장 강력한 8가지 습관

상각지도

저와 비슷한 글쓰기와 사고방식을 가진 간다 마사노리의 대표작을 추천합니다

자청

| 유튜브 〈라이프해커 자청〉 운영자, 사업가, 《역행자》 저자 |

저는 자청이라고 합니다. 올해 36세이며, 30대 초반에 경제적 자유를 얻었습니다. 현재 130여 명의 직원과 함께 일하며 신나고 재미난 일들을 벌이고 있습니다.

간다 마사노리에 대해서는 예전부터 익히 들어 알고 있었습니다. 제가 유튜브를 할 당시 댓글에는 '간다 마사노리와 비슷하다'는 의견이 있었고, 직원들 중에는 그의 광팬들이 많았습니다. 종종 직원들은 "몇십 만 원에 간다 마사노리 책을 구했어요" 하며 자랑하곤 했습니다. '대체 얼마나 대단한 글이길래 한국에서 수십만 원에 팔릴까?'라는 궁금증이 있었습니다.

2021년 어느 날, 지인이 간다 마사노리 책을 5권 구했다며 저에게 선물로 주었습니다. 저는 한 권을 펼쳐보았습니다. 그리고 프롤로그를 읽고 나서 바로 덮어버렸습니다. 왜 그랬을까요? 앞부분만 읽었는데 그가 글을 풀어내는 서술 방식과 사고 방식이 저와 너무나 닮아 있었기 때문입니다.

저는 베스트셀러 작가가 되고 싶다는 욕심이 있었습니다. 그런데 그의 글을 보는 순간 모방할 가능성이 있다는 생각이 들었습니다. 저와 사고방식이나 글을 풀어내는 방식이 비슷한데 영향을 받지 않으리라 장담할 수 없었던 것이죠. 창의성에 영향을 받기 싫어 그동안 저는 간다 마사노리의 책을 의도적으로 멀리하고 있었습니다.

이번에 간다 마사노리의 책《비상식적 성공 법칙》추천사를 써달라는 의뢰를 받고 정말 행복했습니다. 그때 저는 첫 책《역행자》의 출간 준비를 모두 마친 상태였습니다. '이제 드디어 간다 마사노리의 책을 마음 편히 읽을 수 있겠다!' 생각하던 찰나, 그의 대표작에 대한 추천사 의뢰가 온 것입니다. 기가 막힌 타이밍이었습니다!

이 책《비상식적 성공 법칙》은 지금으로부터 21년 전, 그러니까 2001년 간다 마사노리가 37세에 쓴 책입니다. 그럼에도 이 책은 명작이라 할 만합니다. 꽤 오랜 시간이 지났음에도 그의 성공 법칙은 지금도 여전히 적용 가능하기 때문입니다. 20여 년 전 열악한 뇌과학 지식들을 토대로 이런 직관적인 답을 내놓았다는 것도 정말 놀랍습니다. 그가 주장했던 모든 이론들은 현재 뇌과학 이론상 '맞는 이야기'라고 할 만합니다. 통찰력이 대단한 사람입니다.

그의 문체에서 가장 큰 장점이라고 한다면 '인식하며 말하기'입니다. 그는 독자들이 보기에 너무 빤하거나 '이런 게 정말 성공 법칙의 전부라고?' 생각하는 부분들을 자기 스스로 인식하며 말합니다. '나도 니네가 무슨 생각할지 잘 알고 있어. 이런 생각 하고 있지? 하지만~'이라고 말함으로써 반박할 여지를 모두 막아버립니다. 이는 매우 훌륭한 설득 방식입니다.

일반 자기계발서들의 문제는 반박할 여지가 너무 많다는 점입니다. 아무래도 자기계발서는 과학으로 증명된 내용이 아닌 저자 개인의 주장이기 때문에 반박할 여지가 많습니다. 어쩔 수 없이 근거가 빈약할 수밖에 없습니다. 하지만 간다 마사노리는 이런 문제를 '인식하며 말하기'를 통해 훌륭히 해결하고 상대를 완벽하게 설득시킵니다. 20년 전에 이런 방식으로 책을 썼다니 참으로 대단한 일입니다.

안타깝게도 대부분의 자기계발서 저자들은 글을 쓴 뒤 조용히 사라집니다. 하지만 간다 마사노리는 책을 쓴 뒤 오히려 더 큰 성공을 거두며 자신이 책에 쓴 내용들을 완벽히 증명해내는 인생을 살아갑니다. 물론 간다 마사노리보다 더 큰 성공을 이룬 사람은 수도 없이 많을지 모릅니다. 하지만 그처럼 성공 법칙을 이론화하는 데 성공한 사람은 극소수입니다. 즉 이번에 당신이 이 책을 마주한 것은 큰 행운이며 일생일대의 기회입니다. 그가 이 책에서 시키는 것을 속는 셈치고 한 번만 해보십시오. 분명 많은 변화가 있을 것입니다.

조성희

| 마인드파워 스쿨 대표, 《뜨겁게 나를 응원한다》 저자 |

세상은 두 부류로 나뉜다. 잠재의식을 사용하며 행복한 부자로 살아가는 사람 vs. 이 힘이 있다는 사실조차 모르고 힘들게 사는 사람.

간다 마사노리는 이 책을 '비상식적 성공 법칙'이라고 표현했지만 이것이야말로 제대로 된 법칙 중의 법칙이다!

자신감 없어 땅만 바라보고 다녔던 찌질이에 감당할 수 없었던 어두운 현실에 억울해 울었던 부정덩어리. 말주변, 글주변 전혀 없고, 잘하는 거 하나 없으며, 뚱뚱하고 게을렀던 내가 현재 미국, 스페인, 리스본, 싱가폴, 중국 등에서 강연하는 글로벌 강연가로, 베스트셀러 작가로, 건강한 몸짱을 유지하며 세계 마라톤에 참가하고, 국내 1호 마인드파워 스페셜리스트로 활동하고 있는 비결이 이 책 안에 있다.

나의 스승이자 비즈니스 파트너인 밥 프록터가 강조하는 법칙들과 잠재의식의 힘, 모든 성공자들만이 알았던 방법들은 상식적이지 않다. 대부분의 사람들이 말도 안 된다고 생각하기 때문에 비상식적으로 보이는 것이다. 이 책을 보고 누군가는 그대로 따라할 것이고 "비논리적이고 비과학적이라 도저히 믿을 수 없다"라고 말하는 이도 있을 것이다. 이것은 우리의 현재 의식에서의 판단일 뿐이다.

스테디셀러로 많은 사람들의 사랑을 받고 있는 나의 책《뜨겁게 나를 응원한다》의 'Day 35'를 펼쳐보면 이 책의 저자인 간다 마사노리의 명언이 담겨 있다. 그는 "미래로부터 역산해 현재의 행동을 결정하라"고 말한다.

99퍼센트의 사람들이 자신의 현재를 보면서 미래가 어떻게 될지 예측하는 데 반해, 1퍼센트 성공자는 자기가 원하는 끝 그림(미래)을 정한 후 그 목표를 이루기 위해 현재 어떻게 행동할지를 정한다는 것이다. 간다 마사노리의 대표 도서라 할 수 있는 이 책에는 이런 1퍼센트 성공자들의 비상식적인 성공 법칙이 가득하다.

이 책을 완전히 당신의 것으로 체화시킨다면,
당신은 무한한 내면의 잠재의식을 깨워 당신답게 풍요롭고 행복한 인생의 주인공으로 비상할 것이라 확신한다.

박세니
| 박세니마인드코칭 대표, 대한민국 최고소득 심리전문가 |

    나는 지식의 강력함을 믿고 활용하는 사람이다. 그런 자세로 살아왔기에 20대에 대한민국에 없는 심리 수업을 만들어 억대 소득자가 되었고, 집안 빚을 갚았으며, 시그니엘에 거주하는 대한민국 최고소득(월 소득 3억 원 이상)의 심리전문가가 된 것이다. 오직 지식을 믿고 살아가고 있으며 지식을 활용하면서 최고가 된 것이다.

    많은 사람들이 자신도 지식을 믿고 활용하면서 살아간다고 말한다. 하지만 실상은 그렇지 않다. 대부분이 현실이나 실전에서는 전혀 통하지도 않는 학교에서 배운 지식을 믿고 있을 뿐이고, 그것을 실제로 세상과 타인에게 활용해서 멋진 결과를 내본 적이 없다. 그렇게 지식을 활용하지 못한 채 나이만 들어가다 보니 늘어가는 것은 자괴감과 체념뿐이다.

    진정으로 자기 삶의 조건을 바꾸려면 지식을 실전에 적용시켜서 결과물을 얻어낼 수 있어야 한다. 실전 적용이 안 되는 얼토당토않는 지식 아닌 지식을 믿고 살면서 노력해봐야 원하는 것이 이루어질 리 만무하다.

다행히도 나는 이런 중요한 사실을 일찍 깨우쳤기에 내가 존경하는 분들과 마찬가지로 지식을 젊은 나이부터 실전에 활용하면서 강해져왔다. 20대 젊은 시절부터 '실전 강자'로 살아가다 보니 실전 강자를 바로 알아볼 수 있는 혜안이 생긴 지도 오래다. 이 책을 읽을수록 저자인 간다 마사노리도 실전을 통해서 강해진 강자라는 사실을 알 수 있었다. 많은 책을 보는 것이 능사가 아니라 실전에서 성과를 내고 성공한 사람들의 책을 보는 것이 중요하다. 《비상식적 성공 법칙》 한 권으로도 독자들은 귀한 실전 지식들을 얻게 될 것이다.

또한 이 책의 저자인 간다 마사노리는 '최면'이란 말을 자주 사용한다. 세상에 수많은 성공 비법이 공개되어도 여전히 소수만 사용해서 성공하는 이유는 소수의 사람들만이 자신을 최면할 수 있기 때문이다. 그것이 되면 타인을 최면시키게 되고 그제야 성공이 가능하게 된다. 그런데 대부분의 사람들은 안타깝게도 자기 잠재의식 속의 무한한 가능성을 활용하지 못하고 살아간다. 이 책을 오해 없이 제대로 이해해서 읽고 내면화하면 잠재의식의 힘을 일깨워서 원하는 목표를 수월하게 이루어내는 것이 가능해질 것이다.

최고가 되려면 반드시 최고에게 배워야 한다. 이 책을 통해 많은 분들이 멋진 삶을 창조해내길 진심으로 바란다.

정상에서 기다리고 있겠다

나는 성공 법칙이라는 것이 싫다. 솔직히 낯 뜨겁고 멋있어 보이지도 않는다. 손목에 찬 염주를 만지작대다가 털어내는 그런 감정이라고나 할까? "돈과는 그다지…", "오늘은 몸이 좀 안 좋아서…" 하며 나도 모르게 슬쩍 피하게 된다.

내가 생각하는 성공 법칙을 주변에 알리고 싶지도 않았다. 겉으로 보기엔 우아하지만 수면 아래에서는 필사적으로 발을 저으며 아등바등 애쓰는 백조 같은 모습은 보여주기 싫었다. 나는 단지 쿨하게 보이고 싶었다. '돈=성공'이라는 단순한 공식도 아니고 아무리 친절히 설명해주어도 사람들은 그런 법칙 같은 건 인생을 얕보는 것이라고 생각하기 때문이다.

나는 약 10년 전에 이 책을 쓰고 나서 두 번 다시 거들떠보지 않았다. 편집자가 '개정판을 내겠다'라고 했지만, 솔직히 이 책을 자랑스러워하거나 가까이하고 싶은 생각은 들지 않았다. 오히려 솔직히 싫었다. 왜냐하면 이 책은 다듬지 않은 날것 그대로의 내 본심이 너무 드러나 있기 때문이다. 그런데 아이러니하게도 내 책 중 가장 많이 팔렸다. 이 책을 읽었던 성공한 유명인들이 이제 슬슬 "이 책도 한물갔지"라고 할 때인데, 갑자기 다른 이들이 추천하는 바람에 또다시 서점에 잔뜩 쌓이게 될 판이다.

고맙긴 하지만 민폐인 것도 사실이다. 내 나이 올해로 47세(2011년 당시). 솔직히 나이도 먹을 만큼 먹었다. 나도 중후한 멋을 풍기는 아버지이고 싶다. 그런데 서점에 이 책이 잔뜩 쌓여 있으면 아이 친구들로부터 "걔네 아버지 그 책 말이야" 하는 말을 듣게 될 것이다. 그 말인즉 리젠트*로 잔뜩 멋을 내던 예전의 나를 길거리에서 갑자기 마주치는 것 같아서 상당히 어색하다는 뜻이다.

미안하지만 나는 이 책이 왜 아직도 잘 팔리는지 잘 모르겠다. 그런데 확실히 아는 한 가지는 이 책을 갖고만 있어도… 성

---

* 앞머리를 높게 해서 뒤로 빗어 넘기고 옆머리를 뒤로 빗어 붙인 모양. ─ 옮긴이

공하더라는 것이다. 미친 소리처럼 들리겠지만 진실이다. 특히 최근 4~5년 동안 여러 분야의 성공한 사람들을 만날 때마다 그들이 "실은…" 하면서 나를 알은체하며 말을 걸어오는데, 꼭 이런 말을 한다.

"실은 《비상식적 성공 법칙》에 쓰여 있는 대로 해보면서 리스트를 만들었습니다. 그랬더니 정말로 목표가 전부 실현되었어요!"

진심으로 고맙다.

하지만 그건 내 덕이 아니다. 전부 그들 자신 덕분이다.

이 책에 쓰인 성공 법칙은 10년 전에는 새로웠지만 지금은 다른 책에서도 볼 수 있는 내용들도 있다. 그래서 하는 말인데, 이 책의 내용은 지금의 나에겐 클래식한 연주곡과 같다. 단순하고 꾸밈없는 로큰롤 같기도 하다. 복잡한 당김음도 없고 특수한 코드 진행도 없다. 클래식 그 자체다.

신기하게도 이 책의 독자들 중에는 성공한 이들이 많다. 그 이유를 군이 찾아본다면 이 책은 '성공 법칙을 위한 성공 법칙'이 아니기 때문일 것이다. 성공 법칙이라는 것을 접한 후 그에 대해 떠들어대거나 그것을 이용해 사람을 모으고 돈을 벌었다는 사람들이 있다. 미안하지만 이 책은 그런 사람들을 그리 좋게 평가하지 않는다. 성공 법칙으로 번 돈은 공돈이나 다름없다. 공돈이 공돈을 부른 것인데 단순히 돈을 벌었으니 성공했다고? 그런 사람들에게 고마워하는 세상은 정상이 아니다.

당신은 세상에 얼마나 가치 있는 것을 주고 있는가?
당신은 다른 사람에게 얼마나 도움이 되고 있는가?

이 질문들에 답하지 못한다면 성공했다고 말할 수 없을지도 모른다. 다행히 이 책을 읽은 독자들이 결국에는 이 질문들에 대한 해답을 찾고 있다는 데 감사하고 고마운 마음이다. 앞에서도 이야기했지만, 이 책은 내 책들 중 내가 가장 싫어하는 책이다. 하지만 가장 신나게 쓴 책인 것은 확실하다.

이 책이 베스트셀러를 기록하며 잘 팔린다고 대단하게 여기지도 않을 것이다. 중요한 것은 독자들이 이 책을 읽고 어떻게 자신의 재능을 꽃피울 것인가 하는가다. 당신이 잘 따라와 주길 바란다. 정상에서 기다리고 있겠다.

간다 마사노리

프롤로그

누구도 신경 쓰지 않고
싫은 사람과 일하지 않는 삶을 위해

어쩌면 이 책의 내용을 질책하는 사람도 있을 것이다.

그래서 나는 공개하고 싶지 않았다.

이 책은 2001년 3월 청년회의소에서 의뢰한 강연을 토대로
쓰였다. 당시 나는 이미 연 수입이 꽤 높은 편이라 강연 수입이
큰 의미는 없었다. 그래서 내키지 않으면 강연을 하지 않는다.
그런데 그 강연은 '하고 싶은 말을 다 해도 나중에 책임을 묻지
않겠다'라는 조건에 예외적으로 수락한 경우였다.

내가 이 내용을 공개하고 싶지 않았던 이유는 '너무 비상식
적'이기 때문이다. 절대 빈말이 아니다. 지금까지 우리가 알고

있던 도덕이나 상식과는 상당히 어긋난 내용들이 많다. 공개하면 나는 오해와 질타를 받을 게 분명했다. 그게 두려웠다.

그런데 당시의 강연 내용을 들은 이들이 계속해서 이런 소식을 들려주었다.

"이 강연을 듣고 제 인생이 바뀌었습니다."

"엄청나게 박력 있었어요."

"강연 내용을 닳고 닳도록 들었습니다."

이런 이야기들을 듣고 깨달은 점이 있었다. '그렇구나! 많은 사람들이 이전의 흔해빠진 성공 법칙을 그대로 믿고 있었구나. 그래서 아무리 노력해도 성공하지 못했던 거야. 구조조정이라는 불안에서 벗어나지 못하고, 주택 융자금 상환에 평생을 바쳐야 하는 인생에서 빠져나올 수 없었던 거였어.'

아이러니하게도 소위 말하는 '성공 법칙'은 성공 법칙을 알려주는 비즈니스로 성공한 사람들에 의해 알려져 왔다. 그들은 실제 경험이 없기 때문에 예전에도 수천 번, 수만 번 우려먹던 진부한 내용들을 재탕하고 있다. '살 빼는 방법'이 실린 다이어트 책들이 형태만 바꿔 반복적으로 출판되는 것처럼 말이다.

물론 정말 성공한 사람이 자서전을 쓴 경우도 있다. 하지만 자기가 왜 성공했는지 정확히 아는 사람은 별로 없다. 그러다 보니 그런 책들은 '감사하라', '다른 사람에게 베풀어라', '현재를 충실히 살아라', '큰 목표를 가져라' 등 크게 문제 될 것 없는 성공 법칙들로 가득하다. 이런 식이라면 초등학생 때 줄줄 외우던 표어와 무슨 차이가 있겠는가. 사실 해야 할 일들을 나열하고 그것들을 하나씩 실천만 해도 성공할 수 있다. 그게 안 되니까 고민하는 것 아니겠는가.

이 책은 긍정적인 사고를 권하는 책도, 정신론을 설명하는 책도 아니다. 그렇다고 '나는 이렇게 성공했다. 당신도 이렇게 해보라'고 설교하는 책도 아니다. 그러면 어떤 책이냐고?

성공 법칙을 싫어하는 사람들이 성공하기 위해 참고하는 실용서라 할 수 있다. 보통 사람들이 집 한 채를 마련하고 스포츠카를 타기까지 최단거리로 주행할 수 있도록 도와주는 책이다. 게으른 사람도 추월차선으로 올라설 수 있는, 세상에서 제일 간단한 방법을 알려주는 책이다. 매일매일 똑같은 일상에 숨이 막힐 것 같은 샐러리맨이 회사에서 독립해 상식적이지 않을 만큼 경제적인 자유를 경험하도록 해주는 책이다.

그렇다. 당신이 세상을 향해 보란 듯이 마주할 수 있도록 도와주기 위해 나는 이 책을 쓴 것이다. 그래서 정신론이나 인간 본성론 따위는 도려내고 최소한으로 필요한 내용만 추렸다.

미리 이야기하지만, 성공하기 위해 오랜 시간을 들여 성공 법칙을 공부할 필요는 없다. '성공'을 노려보며 성공 법칙에만 빠져 있는 사람들이 있는데, 딱한 일이다. 스케줄 관리를 위해 스케줄 관리 수첩 사용법을 배우는 데 엄청난 시간을 투자하는 것과 다를 바 없다.

성공하기 위해서는 필수적인 것들을 배우고 그것을 실천하기만 하면 된다. 정작 필요한 것은 많지 않다. 이 책에서 내가 쓰고자 했던 내용은 스위치를 켜면 누구나 자동으로 풍요로워지는 시스템에 관한 것이다. 누구나 자동으로 풍요롭게 되는 시스템이라고? 그런 시스템을 어떻게 증명할 수 있단 말인가?

지금부터 내가 말하고자 하는 기본 내용은 다음의 3가지다.

첫 번째는 나 자신의 실제 경험이다. 몇 년 전까지만 해도 나는 부정적이고 스스로에게 관대하면서 나태한 사람이었다. 그런데 그런 내가 샐러리맨에서 독립한 후 2년 만에 고액 납세자가 되고 부자 순위 명단에 올랐다. 현금으로 땅을 사고 집도 지었다.

나에게는 기적과 같은 일이었다. '집을 갖고 싶은데 30년 상환으로 주택 자금 융자라도 받아야 하나?' 고민하던 나였기에 솔직히 이건 꿈이 아닐까 매일 아침 뺨을 꼬집어보곤 한다. 그때의 경험을 있는 그대로 이야기하고 싶다.

두 번째는 컨설턴트로서 내가 3000개 넘는 회사 경영자들을 만나면서 알게 된 실제 사례들이다. 이 방법들은 단순히 이론에만 그치지 않는다. 나였기 때문에 혹은 나에게만 적용되는 개인적인 사례도 아니다. 이 방법으로 이미 몇 사람이나 놀라울 정도로 단기간에 연 수입을 높이고 있다. 연 수입 1억 원은 당연한 일이다. 샐러리맨 탈출 2년 만에 10억 원의 수입을 올리는 사람도 나오기 시작했다.

세 번째는 미국에서 개발된 '포토 리딩photo reading'이라는 정보 처리 과정으로, 현재 나는 이에 대해 강의하고 있다. 포토 리딩 기술은 독서를 포함한 정보 처리 속도를 비약적으로 향상시켜 당신의 성공을 가속화시켜 준다. 누구든 얻고 싶은 지식을 단기간에 습득할 수 있게 하고, 그 지식을 제대로 활용할 수 있도록 도와준다. 나는 이 기술을 알게 되면서 성장 속도를 단번에 높일 수 있었다. 그동안 경험으로밖에 설명할 수 없었던 성공 법칙을 보다 과학적이면서도 알기 쉽게 설명할 수 있게 된 것이다.

성공하기 위해 이 책에 제시된 8가지 습관을 전부 실천할 필요는 없다. 어느 일부분만이라도 하다 보면 결과가 나오기 시작할 것이다. 먼저 이 책을 한번 읽어보길 바란다. 간단명료하게 설명하기 위해 거칠지만 직설적으로 표현했으니 오랜 시간을 들이지 않고도 읽을 수 있을 것이다. 각 장을 넘길 때마다 기존에 품고 있던 당신의 생각이 바뀌고 있음을 느낄 것이다.

나는 이 책을 많이 팔기 위해 쓴 것이 아니다. 당신에게는 이 책에 담긴 지식을 자신의 것으로 만드느냐 아니냐가 큰 영향을 주겠지만, 당신이 이 책을 사지 않아도 나는 달라질 게 없다. 지금처럼 앞으로도 나는 자유롭고 풍요로운 삶을 이어가면 된다. 누구도 신경 쓸 필요가 없고, 상대하기 싫은 사람과 일하지 않아도 된다.

그렇다면 나는 왜 이 책을 썼을까? 답은 간단하다. 혼자만 부자가 되면 재미가 없기 때문이다. 생각해보라. 멀리 떨어진 작은 섬에서 혼자 1000억 원을 갖고 있으면 무슨 재미가 있겠는가.

나는 많은 친구들과 '함께' 부자가 되고 싶다. 함께 성공하고, 함께 돈을 벌고 싶다. 그리고 번 돈을 가치 있는 일에 함께 쓸 수 있는 사람을 찾고 있다. 그런 동료를 한 사람이라도 더, 하루라도 더 빨리 모으고 싶다. 그 목표를 이루고 싶어서 나는 그들에게 필요한 것을 이 책에 전부 쏟아내려고 노력했다.

그럼 이제부터 상상도 못 할 만큼 당신을 자유롭고 풍요롭게 만들어줄 프로젝트를 시작해보자.

차례

추천의 글   004

추천사   008

개정판을 내면서 | 정상에서 기다리고 있겠다   012

프롤로그 | 누구도 신경 쓰지 않고 싫은 사람과 일하지 않는 삶을 위해   016

들어가면서 | 성공은 '악'의 감정에서 시작된다

나는 마법의 램프를 문질렀다   029

성공한 사람의 조언이 방해가 되는 이유   032

돈과 마음을 따로 떼놓고 생각한다   037

왜 성공에 악의 에너지가 필요할까   040

제1습관 | 하기 싫은 일을 찾아낸다

성공한 사람이 누구에게도 가르쳐주지 않는 것   051

좋은 목표와 나쁜 목표   055

내가 달려갈 레일을 깔아둔다   061

'하기 싫은 일'과 '하고 싶은 일' 사이에서 결판을 짓는다   066

나만의 미션 찾기 070

왜 종이에 적으면 실현되는가 075

♛ 부자와 보통 사람의 대화 1 083

제2습관 | 자신에게 최면을 건다

현실을 컨트롤할 것인가, 컨트롤당할 것인가 089

내가 원하는 대로 잠재의식을 프로그래밍한다 093

연 수입을 10배로 늘리는 열쇠 099

목표를 설정하는 방법: SMART 원칙 104

매일 밤 목표를 10개씩 적는다 108

제3습관 | 내가 바라는 직함을 만든다

♛ 부자와 보통 사람의 대화 2 113

왜 기존의 성공 법칙은 통하지 않는 것일까 116

한순간에 슈퍼맨이 되는 직함의 위력 119

연 수입을 10배로 늘리기 위한 셀프 이미지 125

제4습관 | 목표 달성에 필요한 정보를 수집한다

센스 있는 사람들의 공통점 135

오디오가 기적을 일으킨다 138

궁극의 공부법 '포토 리딩'   145

포토 리딩은 누구나 할 수 있다   149

머릿속 정보를 효율적으로 컨트롤하라   156

성공한 사람과 어울려야 당신도 성공한다   159

압도적 제안으로 부자들을 사로잡는다   162

제5습관 │ 고자세로 영업한다

♛ 부자와 보통 사람의 대화 3   169

영업의 달인으로 만드는 '악녀의 법칙'   171

고객이 먼저 다가오게 하는 전략   175

세일즈의 개념을 바꿔라   179

거절하는 영업이 보통 사람에게 효율적인 이유   184

자신의 고객으로 어울리는지 고객을 면접한다   190

나와 어울리지 않는 고객을 구분하려면   194

고객 리스트는 빈자리를 싫어한다   198

제6습관 │ 돈을 몹시 사랑한다

돈의 습성을 알고 있는가   203

돈 버는 일에서 도망치지 마라   208

돈에 대한 죄악감을 없애라   213

하루라도 빨리 돈이 들어오는 흐름을 만들어라   217

돈에게 미움받지 않는 돈 사용법   221

원하는 만큼 연 수입을 버는 방법   224

제7습관 | **결단을 내리는 사고 과정을 배운다**

♛ 부자와 보통 사람의 대화 4   231

성공 법칙 덕후가 성공할 수 없는 이유   235

현재의 좋은 면과 미래의 나쁜 면 사이에서   238

결단을 내리기 위한 시나리오를 만드는 과정   243

미래로부터 역산해 현재의 행동을 결정한다   249

제8습관 | **성공에는 빛과 그림자가 있음을 기억한다**

내가 알지 못했던 것들   257

♛ 부자와 보통 사람의 대화 5   264

에필로그 | 자기 자신을 믿어라   268

옮긴이의 글 | 열흘 만에 쓰고 50만 부를 판매한,

가장 특이하면서도 두 번 다시 쓰지 못할 책   272

성공은 '악'의 감정에서 시작된다

나는 마법의 램프를
문질렀다

"이사했다면서? 집은 산 거야?"

대학 동창 모임에서 친구가 물었다.

"그래. 큰맘 먹고 장만했지."

내 대답을 들은 친구는 한숨을 쉬며 말했다.

"나도 작년에 아파트를 샀거든. 너나 나나 앞으로 고생길이 훤하다. 우리도 이러면서 나이를 먹는 거겠지."

"그렇지 뭐."

나는 맞장구를 쳤다.

나와 친구는 비슷한 점이 많았다. 같은 나이에 비슷한 수준의 학과를 졸업했다. 같은 동아리에서 활동했고 직장도 비슷했다. 그리고 비슷하게 행복한 결혼 생활을 하며 아이를 키우고 있었다. 다른 것은 단 하나. 친구는 30년 상환 조건으로 주택 융자를 받아 아파트를 구입했지만, 나는 현금으로 땅을 사고 집을 지었다는 점이다.

왜 이런 차이가 생긴 것일까?

말해두지만, 나는 그리 우수하지 않은 보통 사람이다. 학력은 있지만, 솔직히 어느 학교든 아슬아슬하게 들어가서 겨우겨우 졸업했다. 말하고 싶지 않은 일이지만, 정리해고를 당한 적도 있다. 그런데 나 같은 보통 사람도 자동으로 성공하는 방법이 있다. 지금부터 그 방법을 설명하려고 한다.

'성공한다'라는 것은 학력이나 능력, 인맥, 자금 같은 것들과는 아무 관련이 없다. '누구든 원하는 것을 실현할 수 있다'라는 단순한 법칙이다. 게다가 원하는 것을 실현하기 위해 필요한 모든 것들은 바로 눈앞에 있다. 다만 그것을 보려고 하지 않기 때문에 보이지 않는 것뿐이다. "뭐라고요? 그런 법칙이 있고 누구든 잘된다면 왜 알려지지 않았던 거죠?"라고 소리치고 싶을 것이다.

그렇다. 그래서 지금 내가 소리 높여 말하고 있는 것이다. 단순하고 아주 간단한데 학교에서 가르쳐주지 않아서 거의 알려지지 않은 법칙. 그러다 보니 그 법칙을 알고 실천한 사람들만 계속해서 꿈을 실현해가는 것. 거짓말도 과장도 아니다. 그런 마법의 램프는 실제로 존재한다.

내 친구는 그 마법의 램프를 문지르지 않았다.
나는 문질렀다.
차이는 그것뿐이다.

성공한 사람의 조언이
방해가 되는 이유

당신이 성공할 수 있도록 많은 것을 알려주는 선배의 고마운 조언. 서점에 가면 성공 법칙에 관한 책은 수없이 많다. 이런 책들은 계속 출판되고 사라지면서 마치 마음이 답답할 때 마시는 청량제처럼 소비되고 있다.

어떤 책에도 틀린 말은 없다. 하지만 몇 권을 읽어도 성공을 향한 첫걸음은 도무지 내디딜 수가 없다. 정보가 넘쳐나서 도대체 무엇을 믿고 무엇을 하면 좋을지 알 수가 없다. 해야 할 일이 너무 많다 보니 압도당하고 마는 것이다. 무엇을 먼저 하고 그다음에는 또 무엇을 해야 성공할 수 있을지, 그 우선순위조차 알 수 없다.

흔히 사장이나 직장 상사는 우리가 너무나 잘 알고 있는 상식적인 성공 법칙을 조언해준다.

'사람들에게 도움이 되는 일을 하다 보면 돈은 저절로 따라붙는다.'

너무도 그럴싸한 말이라 누구도 반론할 수가 없다. 상식적인 성공 법칙은 그 외에도 많다.

'겸허하지 않으면 안 된다.'

'정말 중요한 것은 돈이 아니다.'

'인간관계를 소중히 여겨야 한다.'

이런 말들을 실천하면 정말 성공할 수 있을까? 현실로 돌아와 주위를 둘러보자. 이 말대로 살았는데도 연봉 5000만 원 직장인으로 퇴직하는 사람들이 부지기수다.

이런 표어들이 나쁘다는 것은 결코 아니다. 나 역시 악한 사람은 아니니 겸허한 자세로 살고 싶다. 돈으로 행복을 살 수 없다는 것도, 사람과의 만남이 인생을 바꾼다는 것도 잘 알고 있다. 하지만 상식적인 성공 법칙을 믿고 그대로 실천해도 보통 사람에겐 성공으로 나아가는 길이 도무지 열리지 않는다. 바로 이것이 문제다!

그렇다면 상식적인 성공 법칙은 왜 실제로 도움되지 않는 경우가 많을까? 나는 그 이유를 어느 정도 돈을 번 이후에야 알게 되었다. 대부분의 성공 법칙은 이미 성공한 사람들이 자기 자신에게 들려주기 위한 훈계에 지나지 않는다. 그래서 성공한 사람들에게는 대단한 의미가 있다.

성공한 사람들이 가장 두려워하는 것은 오만해지고 우쭐해진 자기 자신이다. 그들은 스스로를 다스리기 위해서라도 '겸허하지 않으면 안 된다', '운이 좋았을 뿐이다', '행복은 돈으로 살 수 없다', '사람과의 만남이 중요하다'와 같은 상투적인 말을 되풀이한다. 오해하지 않았으면 좋겠는데, 나 역시 상식적인 성공 법칙도 중요하다고 생각한다. 지금의 내 입장에서는 마음에 스며들 만큼 그 중요성을 실감하고 있다. 만약 NHK 방송국에서 취재를 나와 나에게 "인생에서 가장 중요한 것은 무엇입니까?"라고 묻는다면, 나 역시 자신 있게 "마음의 성장입니다"라고 대답할 것이다.

그런데 돈이 없을 때는 사정이 다르다. '돈으로 행복을 살 수 없다'라는 말을 들으면 솔직히 마음에 와닿지 않는다. 더 절실한 관심사가 있기 때문이다.

'어떻게 내 집을 마련하지?'

'어떻게 해야 가족에게 최소한의 생활비를 보장해줄 수 있을까?'

'아이들을 제대로 교육시키고 싶은데, 교육비는 어떻게 마

련하지?'

　보통 사람에게는 이런 현실적인 문제들이 몇만 배나 더 중요하다. 그런 상황에서 '돈으로 행복을 살 수 없다'라는 상식적인 말은 그저 잠깐의 위안일 뿐이다. 더구나 당장에 돈벌이가 필요한 상황인데 '돈이 전부가 아니다'라는 말을 듣는다면 어떻겠는가? 상식적인 성공 법칙이 오히려 부정적으로 작용하지 않겠는가?

　보통 사람이 돈을 버는 데 회의를 느끼면 어떻게 될까? 그 결과는 치명적이다. 돈이 벌리기 시작하자마자 스스로 제동을 걸어버리기 때문이다. 보통 사람에게는 겸허한 것도 불리하다. 영업하는 사람이 겸허하게 굴었다간 가치만 깎이게 될 것이다. 또한 보통 사람에게는 인간관계를 소중히 여기는 것도 불리할 때가 있다. 인맥을 소중히 하면 하청은 받을 수 있을지 몰라도 직접 도급을 따올 수는 없기 때문이다.

　나는 보통 사람일 때부터 돈을 어느 정도 모을 때까지 위의 성공 법칙들을 완전히 무시했다. 그저 돈을 버는 데만 온전히 집중하면서 날마다 통장을 펼쳐 보았다. 나는 겸허를 혐오하고 철저하게 오만해지기로 했다. 회사를 나와 독립한 후 그동안 알고 지내던 사람들과도 연락을 끊었다. 연하장을 보내는 대신 DM*을 발송했다.

성공한 사람이 말하는 성공 법칙 중 대부분은 그들이 더욱 더 성장하기 위해 만든 법칙들이다. 보통 사람들은 이런 성공 법칙을 순진하게 그대로 받아들여서는 안 된다. 우선순위가 다 르기 때문에 도리어 역효과만 날 뿐이다. 이러한 사실을 모르 면 딜레마에 빠지기 쉽다.

돈이 전부가 아니다. ⇔ 그래도 돈을 벌어야 한다.

겸허해야 한다. ⇔ 그러나 대차게 나가지 않으면 비싼 가격에 팔 수가 없다.

인간관계를 소중히 여겨야 한다. ⇔ 그러다가는 하청 일만 하게 될 뿐이다.

이런 식으로 마음이 이리저리 흔들려 종잡을 수 없게 된다. 흔들리는 진자振子 상태에서는 한 걸음도 앞으로 나아가지 못 하게 된다. 상식적인 성공 법칙만 착실히 따라서는 아무리 시 간이 흘러도 부유해질 수 없게 된다.

*   Direct Mail, 광고주가 개인이나 가정에 우편으로 광고물을 보내는 선전 방법. – 옮긴이

돈과 마음을 따로
떼놓고 생각한다

감정의 진자 상태에서 탈출하는 방법이 있다. 이제부터 그 방법에 대해 설명하려 한다. 진자 상태에서 해방되기 위해 가장 먼저 해야 할 일은 나 자신이 도대체 어떤 마음과 어떤 마음 사이에서 흔들리고 있는지를 객관적으로 파악하는 것이다. 성공을 향해 달려가고 있는 경우 어떤 마음의 진자가 있는지는 다음 2개의 축을 생각하면 알 수 있다. 바로 '돈'의 축과 '마음'의 축이다.

돈의 축은 단순하다. 은행에 가서 통장을 정리해보면 바로 알 수 있다. 숫자로 표시되고 쉽게 이해할 수 있기 때문에 성공의 척도로 사용된다. 연 수입이 많으면 대단하다는 이야기를 듣는다. 억만장자라는 이유만으로 브랜드가 되기도 한다. 돈이 곧 힘이고, '돈=행복'이라는 등식이 성립한다. 세상이 이 등식에 따라 단순하게 돌아간다면 경찰도 필요 없게 될 것이다.

　그러나 현실적으로는 돈의 축과는 별도로 마음의 축이라는 것이 있다. 마음의 축은 '풍요롭다', '가난하다'라는 척도로 가늠한다. 풍요로운 마음이란 공헌, 사랑, 감사, 검약, 욕심 없는 마음, 배려, 정직, 절도를 지키는 등과 같은 '선善'의 감정을 말한다. 이에 반해 가난한 마음은 허영, 체면, 질투, 명예욕, 물욕, 분노 등을 말한다. 이를테면 '악惡'의 감정이다. 이를 알기 쉽게 정리해보면 다음과 같다.

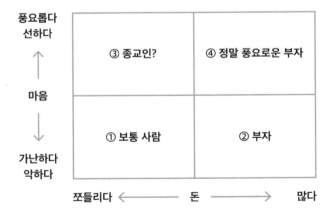

결국 세상에는 4가지 유형의 사람이 있다. 돈이 많은 사람, 돈에 쪼들리는 사람, 마음이 풍요로운 사람, 마음이 가난한 사람이다.

유감스럽게도 대부분의 인간은 태어나면서부터 '악'의 감정에 떠밀려서 움직이게 된다. 돈에 쪼들리고 마음도 가난하다. 이런 사람을 '보통 사람'이라고 부른다. 표에서 ①번에 해당하는 사람이다. 보통 사람은 풍요로워지길 원한다. 열심히 노력해서 떳떳하게 돈을 번다. 그 결과 돈을 벌었으니 마음도 풍요로울 것이라고 생각한다. 하지만 실제로는 그렇지 않다.

부자에도 행복한 부자와 불행한 부자가 있다. 불행한 부자의 말로末路는 굉장히 비참하다. 돈이 많은 건 좋지만 제대로 쓸 줄을 모른다. 이들은 자신의 힘으로 돈을 벌었다고 착각하는데, 그러면 엄청난 시련이 찾아온다. 믿었던 사람에게 배신당하고, 가족 간에 불화가 생겨 빈털터리가 된다. 돈이 떨어지면 인연도 떨어지는 법. 결국 그는 마지막에 혼자서 고독하게 죽는다. "도대체 내 인생은 무엇이었단 말인가?" 하고 중얼거리면서.

당신은 마지막 순간에 홀로 외롭게 죽고 싶은가? 이건 과장이 아니다. 부자가 될 때까지는 좋았지만, 돈을 잘못 쓰면 남은 인생이 생지옥이 된다.

왜 성공에
악의 에너지가 필요할까

행복은 돈으로 살 수 없다. 진부한 표현이지만, 이는 부정할 수 없는 진실이다. 그렇다 해도 당신은 이 진실을 직접 체험하고 싶을 것이다. 보통 사람에서 벗어나 돈과 행복 둘 다 얻고 싶지 않은가? 가능하다면 표의 ①번에서 ④번으로 곧장 가고 싶지 않은가?

그렇다. 우리 같은 보통 사람들은 욕심이 많다. 돈도 벌고 싶고, 사회에 의미 있는 일도 하고 싶다. 사람들에게 사랑도 받고 싶다. 결국 모두 다 갖고 싶다는 것이다.

하지만 '돈'과 '마음'을 한꺼번에 모두 얻기란 여간 어려운 일이 아니다. 앞에서 말한 대로 딜레마에 빠지기 때문이다. '돈

을 갖고 싶다'라고 생각하지만 '돈은 중요하지 않다'라는 말이
걸리고, '물건이 갖고 싶다'라고 생각하지만 '사치는 안 된다'라
는 딜레마다. 이런 딜레마에 빠지면 어느 방향으로 나아가야
할지 갈피를 잡지 못하게 된다. 이쪽으로 저쪽으로 흔들리는
진자 상태가 되고 만다.

　말 한 마리가 갈림길에 서 있다. 이쪽에는 물, 저쪽에는 건초
가 있다. 그런데 말은 어느 쪽으로 가면 좋을지 망설이다가 굶어
죽고 말았다. 당신도 그 말과 똑같은 상태가 될 수도 있다.

　진자 상태에서 벗어나 단기간에 재정적으로 풍요로운 성공
을 이룰 수 있는 방법이 있다. 이 방법은 2단계로 나누어 실천

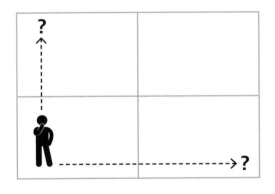

여기서 고민하다가 결국 앞으로 나아가지 못한다.

하는 것이 좋다.

우선은 자신이 가진 '악'의 에너지를 활용해서 단기간에 금전적으로 안정 궤도에 오른다. 그런 후 마음도 풍요로워지도록 필사적으로 노력한다. 즉 '돈'과 '마음'을 동시에 겨냥하는 것이

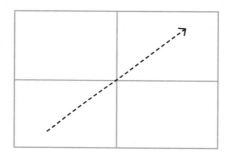

보통은 이렇게 가고 싶어하지만….

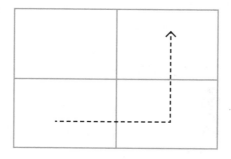

사실은 이렇게 가는 길이 지름길이다.

아니라 일단 '돈'에 우선순위를 두고, 그런 다음에 필사적으로 '마음'을 연마하는 것이다. 이 2단계 실천 방법을 잊지 말자.

그렇다면 '악'의 에너지를 활용한다는 말은 무슨 뜻일까?

'악'의 감정은 질투, 적대심, 체면, 허영심과 같은 감정이다. 우리는 일반적으로 이러한 부정적인 감정을 마음에 담아서는 안 된다고 배웠고, 그렇게 알고 있다. 긍정적인 사고를 절대적으로 믿는 이들이 가장 혐오하는 감정이기도 하다.

그런데 사실 '악'의 감정은 높은 에너지를 갖고 있다. '악'은 '선'과는 플러스(+)와 마이너스(-)로 극성이 다를 뿐, 에너지라는 관점에서 보면 엄청나게 강력한 에너지를 가지고 있다.

인간이 가진 '악'의 감정은 전쟁을 일으키고 살인을 저지르는 등 말도 안 되는 힘을 가졌다. '선'을 몸소 실천한 마더 테레사 수녀나 간디 같은 인물은 찾아보기 어렵지만, 범죄와 같은 잘못을 저지르는 사람은 너무나도 많다. 그만큼 보통 사람에게는 '악'의 에너지가 충만해 있다.

금전적인 성공에 이르는 여정에서 이런 부정적인 감정이 갖는 에너지를 활용하는 사람들이 많다. 아, 아니다. 지금 한 말은 취소하겠다. 이를 활용하지 않는 사람은 거의 없지 않을까?

성공한 사람들의 이야기를 들어보면, 어렸을 때 정말 가난했거나 성적이 좋지 않았다거나 하는 등의 콤플렉스를 갖고 있는 경우가 많다. 보란 듯이 사람들을 깜짝 놀라게 해주고 싶다는 야심을 발판 삼아 회사 상장까지 한 사장들도 많다.

내 경우를 이야기하자면 어쩌다가 외무성에 취직하긴 했는데, 거기서는 정년까지 일해도 도쿄대학 출신들에게 밀릴 수밖에 없다는 사실을 알게 되었다. 분했다. 그만두고 나와 컨설팅회사에 취직했다. 그런데 그곳에서는 '공무원 출신이 뭘 제대로 할 수 있겠냐'며 정리해고를 당했다. 외국 가전제품 제조 회사에서는 냉장고와 세탁기를 팔았는데, 고객에게 '멍청한 놈'이라는 소리까지 들었다.

"두고 봐라! 내가 기필코 당신들 코를 납작하게 해줄 테다. 당신들이 버는 연 수입보다 몇십 배는 더 벌고 말 거다."

분노의 감정을 안고 나는 독립했다. 거짓 없는 내 본심이었다.

질투와 분노는 매우 강력한 에너지다. 그래서 때로는 대중을 흥분시키기도 한다. 전 외무성 장관인 다나카 마키코나 대표적인 보수파 정치인인 이시하라 신타로 같은 인물들을 예로 들 수 있다. 인기 있는 정치가는 자신이 싫어하는 은행이나 행정가를 대중들이 적대시하도록 아주 교묘하게 '분노'라는 에너지를 이용한다.

'악'의 감정을 사용하는 방법을 알고 있다면 대단한 힘을 갖게 되는 것이다. '페라리를 꼭 타고 싶다'라거나 '멋진 사람을 만나고 싶다'와 같은 욕구는 누구에게나 있다. '저 자식 뭐야, 두고 보자!' 하고 결기를 다질 때도 있다.

'악'의 감정은 인간의 본성이기 때문에
부정한다 해도 소용없다.
성공하고 싶다면 인정하자.
그리고 그 에너지를 망설이지 말고 활용하자.

오해하면 안 되니 미리 말해두는데, 그렇다고 '악의 화신'이 되라는 말은 절대 아니다. 당연히 풍요로운 마음을 연마하기 위한 노력은 계속해야 한다. 다만 성공을 향해 이륙할 때까지는 거대한 에너지가 필요하니까 악의 감정이 표출될 때는 이를 부정하지 말고 일을 추진하는 데 이용하라는 뜻이다.

물론 부정적인 감정이 계속되면 얼굴에 나타나고 인상도 나빠진다. 그러니 오래 계속하라고는 권하지 않겠다. 어디까지나 속전속결이다. 단지 성공을 위한 기법상의 과제일 뿐이라고 생각하자. 그렇게 이륙해서 안정 궤도에 오르면, 이번에는 필사적으로 마음을 연마해야 한다. 온전히 현실 세계에 뿌리를 두고 마음의 풍요로움을 배우는 것이다.

나의 클라이언트 중에는 주식회사 패스미디어의 슈도코지 회장이 있다. 그는 작년에 NTT 회선 판매 대리점 부문에서 일본 1위를 차지했다. 연 매출액 100억 원이 넘는 회사를 직원 두 명으로 꾸려가다가, 서른을 갓 넘긴 나이에 사장에서 회장직으로 물러났다. 그는 성공과 돈에 대한 욕망이 누구보다도 강한 사람이다. 회사가 목표 매출액을 예측대로 달성하자, 그는 대학원에 다니기 시작했다. 불교에 대해서도 공부하기 시작했다. 수입에 걸맞은 사회적 책임을 느낀 것이다. 나는 이런 균형 감각이야말로 성공을 이룬 사람에게 꼭 필요한 자질이라고 생각한다.

나는 이 책을 통해 당신에게 단기간에 확실히 성공하는 길을 제시하고 싶다. 그러기 위해서 이제부터 비도덕적으로 느껴질 수 있는 이야기를 할지도 모른다. 그러나 비도덕적인 이야기 자체는 내 본심이 아님을 밝혀둔다.

내가 스스로를 평가하자니 쑥스럽지만, 나는 지극히 윤리와 정의를 중시하는 사람이다. 그럼에도 굳이 오해받을 만한 말을 하는 이유는 간단하다. '인간이 가진 악의 성향이 근원적인 에너지로 작용해 성공을 가져다준다'라는 사실을 이해시키지 않고 무난한 성공 법칙만 이야기한다면 당신을 단기간에 성공으로 이끌 수 없다고 생각하기 때문이다.

내가 제안하는 성공 법칙은 세상 두려운 줄 모르는 37세의 정말 풍요로운 부자가 꾸미거나 다듬지 않고 있는 그대로 쓴 법칙이다. 상식적인 성공 법칙은 이미 성공한 사람들이 알려주었을 것이다. 나는 일부러 작정하고 거칠고 투박하게 이야기할 것이다. 이미 완벽하게 성공을 이뤄낸 사람은 쓸 수 없는 '악'에 대해 비난받을 각오를 하고 일부러 썼다는 말이다. '선'에 관해서는 훌륭한 책들이 많이 있으니 그런 책들도 꼭 읽어보기 바란다.

이 책은 크게 세 부분으로 구성되어 있다.

제1습관부터 제3습관까지는 우뇌를 사용해 성공하는 메커니즘과 심리적 습관에 대한 내용이며, 제4습관과 제5습관은 좌뇌를 사용한 성공 메커니즘에 대해서, 제6습관과 제7습관에서는 이 시대를 힘차게 살아가는 지혜에 관해 이야기했다. 마지막 장인 제8습관에서는 대부분의 성공 법칙 책에서는 다룬 적 없는 성공의 어두운 이면에 관해 서술하였다.

자! 그럼 페이지를 넘기기 전에 목적을 확인하자.

이 책의 목적은 당신의 연 수입을 10배로 늘리는 것이다.

CHAPTER 1

제1습관

하기 싫은 일을
찾아낸다

성공한 사람이 누구에게도
가르쳐주지 않는 것

이사를 하면서 내가 처음 독립했을 때 작성했던 노트를 발견했다. 노트에는 내가 회사를 설립하려는 목적과 계획이 바인더 노트에 철해져 있었다. 한동안 이 노트를 보지 않았다. 일이 계획했던 대로 되지 않아서 도중에 던져버린 것이다. 벌써 3년 전 일이다. 아마 쑥스러운 내용이 적혀 있을 거라 생각하면서 노트를 펼쳐 보았다.

"뭐야 이건!"

나는 의자에서 굴러떨어질 뻔했다. 눈이 튀어나올 만큼 깜짝 놀랐다.

"오 마이 갓!"

나도 모르게 입에서 영어가 튀어나왔다. 그때는 꿈같은 일이라고 생각하며 적었던 목표들이 현재 모두 이뤄져 있었기 때문이다. 등골이 오싹했다. 당시만 해도 이루기 힘든 황당한 목표들이고 거의 실현 불가능하다고 생각했던 것들이었다.

- 독립 2년 만에 샐러리맨 시절의 연봉 10배를 실현한다.
- 땅을 매입해 사옥과 집을 짓는다.
- 일본 최고의 다이렉트 마케터가 된다.

한마디로 말해서 그때는 내 분수를 몰랐다.

내가 독립했을 때 아버지는 "어떤 일을 할 생각이냐?"라고 물어보셨다. 그래서 "글쎄요. 직원 한 명으로 연 매출이 20억 원 정도의 사업을 하고 싶습니다"라고 대답했다가 심하게 꾸중을 들었다.

"너는 MBA(경영학 석사)까지 땄다는 놈이 사업이라는 게 뭔지 전혀 모르는구나!"

경영 컨설턴트인 친구와도 의논을 해봤다. 내가 기업 회원으로만 3000개 사의 클라이언트를 확보하고 싶다고 했더니 친구는 "…그건 있을 수 없는 일이야"라며 어이없어했다. 무리도 아니었다. 그만큼 비상식적인 목표였기 때문이다.

그런데 오랜만에 발견한 노트를 펼쳐 보니 그 황당했던 목표들은 모두 실현되어 있었다! 그것도 나도 모르는 사이에 말이다. 물론 나도 여러 가지 성공 법칙에 관한 책들을 읽었다. 하지만 책을 읽으면서도 '왠지 믿기지 않는 제목이야. 이렇게 해서 성공하면 고생할 사람 아무도 없지'라고 생각하며 읽곤 했다.

맞다. 나도 당신과 같은 입장이었다. 정말 그랬는데, 놀랍게도 내가 이루려고 했던 목표들이 진짜로 실현되어버린 것이다. 도대체 어떻게 가능했던 것일까? 그 비결을 당신에게만 살짝 알려주려고 한다.

목표를 종이에 적으면 실현된다.

다시 한 번 반복하겠다.

종이에 적으면 실현된다.

그렇다. 종이에 적으면 반드시 실현된다.

"말도 안 돼! 이런 어처구니없는 말을 들으려고 당신 책을 산 게 아니라고!"

이렇게 말하며 화를 내는 기분은 이해하지만, 잠시 내 이야기를 더 들어주길 바란다. 이런 일들이 내게만 일어났다면 굳이 책으로 쓰지도 않았다. 내 체면에 관련된 문제이기 때문이다. 하지만 내 경험담을 강연회와 세미나에서 조심스럽게 이야기했더니 "저도 몇 년 전에 목표를 적어두었던 종이를 발견했는데, 그 목표들이 전부 실현되었더라고요!" 또는 "저는 20년 전부터 이 가죽 수첩에 목표를 적어왔는데, 거의 대부분 달성되었어요"라고 말하는 사람들이 계속 나왔다.

그거다. 성공한 사람들은 모두 각자의 자리에서 같은 작업을 하고 있었던 것이다.

일본의 유명한 야구선수인 스즈키 이치로는 초등학교 6학년 때 이런 내용의 일기를 썼다고 한다.

"내 꿈은 일류 프로야구 선수가 되는 것입니다. 그리고 들어가고 싶은 구단은 주니치 드래곤즈 아니면 세이부 라이온즈입니다. 드래프트*를 거쳐 입단할 때 계약금은 10억 원 이상이 목표입니다."

성공하느냐 못 하느냐는 자신의 꿈, 소망, 목표를 종이에 적느냐, 적지 않으냐 단지 그 차이밖에 없다. 하지만 그런 일은 있을 수 없다고 생각하기 때문에 아무도 시도하지 않을 뿐이다.

* draft, 신인 선수 선발을 위한 선택 회의. ─옮긴이

좋은 목표와
나쁜 목표

자신의 목표를 종이에 적어두자.

그러면 잊을 만한 무렵에 실현되어 있다.

그렇다면 이제 당신이 해야 할 일은 간단하다. 목표를 종이에 적으면 된다. 하지만 이왕 마음먹고 하는 일인 만큼 실현할수 있는 확률을 높이고 싶을 것이다. 그러기 위해서는 목표 설정을 정확히 하는 것이 중요하다.

목표에는 '좋은 목표'와 '나쁜 목표'가 있다.

좋은 목표는 당신이 목표를 향해 나아가도록 자동 조종한다. 반대로 나쁜 목표는 도중에 장애가 생겨 좌절하기 쉽다. 안

타깝게도 대부분의 사람들은 나쁜 목표를 세운다. 목표를 실현하기 쉬운 메커니즘을 모르기 때문이다. 그래서 당신에게는 좋은 목표를 설정하는 방법을 귀띔해주려 한다.

좋은 목표를 설정할 때 가장 중요한 것은 자신이 정말 하고 싶은 일을 찾는 것이다. 그 정도는 나도 알고 있다고 말할지 모르겠다. 하지만 대부분의 사람들은 자신이 정말 하고 싶은 일을 잘못 알고 있다. 하고 싶지 않은데도 하고 싶어한다고 단단히 믿고 있는 것이다. 정말로 하고 싶은 일을 찾으려면 반드시 다음 과정을 시도해보기 바란다. 간단하지만 매우 강력한 방법이다.

우선 종이 한 장을 준비해 '하기 싫은 일'을 적어라.
절대 잘못 말한 게 아니다.
하고 싶은 일을 정확하게 찾기 위해서는
먼저 '하기 싫은 일'부터 명확하게 골라내야 한다.
이것이 포인트다.

상식적인 성공 법칙을 알려주는 책들은 '하고 싶은 일을 정확히 찾아라'라는 이야기로 시작한다. 그런데 자기가 하고 싶은 일이 무엇인지 모른다거나 다른 사람의 시선을 의식해야 하는 경우가 많다.

예를 들어 어느 회사 사장이 목표를 '증권거래소 상장'이라고 발표했다고 하자. 그러면 판매 실적을 올리기 위해 거래처를 확대하게 되고, 내키지 않는 고객도 늘어나게 된다. 게다가 조직이 커지면서 부하 직원들과 의견이 충돌하는 일도 잦아지는 등 회사가 계획한 대로 돌아가지 않게 된다. 이런 과정을 겪다 보면 '역시 상장은 무리였어. 그냥 이대로가 낫겠어'라며 상장하고 싶은 마음이 사라져버린다.

그런데 막상 사장단 모임에 참석하니 매출액 규모가 큰 회사를 추켜세우고, 세미나에서는 상장한 회사에 대해 정말 대단하다고 설명한다. 그런 이야기를 듣다 보면 사장은 '우리 회사도 상장할 거니 규모를 키워야겠군' 하고 다시 마음을 바꾸게 된다. 회사 규모를 축소해야겠다고 생각하다가 또다시 확대하겠다고 생각을 바꾸면서 이리저리 진자처럼 계속 흔들린다. 그러면서 10년, 20년이 훌쩍 지나가버린다. 실제로 이런 경우가 아주 많다. 그렇다면 어떻게 해야 진자 상태에서 벗어날 수 있을까?

우선 이리저리 흔들리는 2가지 마음을 인식해야 한다. 그러기 위해서는 하기 싫은 것부터 적어본다. 지금 당신의 인생에서 이 순간 지워버리고 싶은 것부터 적는다. 악의 화신이 되어될 수 있는 한 내 멋대로 적는 것이다. 상식 따위는 집어치워라.

자신의 더러운 면, 이기적인 면과 그대로 마주하자.

어떤 것부터 적어야 할지 모르겠다면 내가 예전에 쓴 노트를 참고해도 좋다.

- 고객이라고 무조건 굽신거리지 않는다.
- 재고가 생기지 않게 한다.
- 애프터서비스가 필요한 상품은 팔지 않는다.
- 정직원은 채용하지 않는다.
- 몸을 혹사하는 일은 하지 않는다.
- 마음에 들지 않는 회사나 사람과는 거래하지 않는다.
- 콜드콜*은 하지 않는다.
- 무료로 상담하지 않는다.
- 하청은 받지 않는다.

가능한지 불가능한지는 따지지 말고, 어쨌든 하기 싫은 일을 모조리 적는다. 그렇다면 이렇게 해야 하는 이유는 과연 무엇일까?

베티 에드워즈Betty Edwards라는 미술 교사가 있다. 그림을 가르치는 일에 천부적인 재능이 있는 이 여성은 이렇게 말했다.

---

* cold call, 일면식 없는 불특정 고객에게 거는 판촉 전화. — 옮긴이

"엄지손가락을 그리고 싶다면 엄지손가락을 그리려고 해서는 안 돼요. 엄지손가락을 그릴 생각이라면 엄지손가락 주변의 공간부터 그리세요."

여기에 내가 이야기한 방법을 적용해보면 이렇다.

"하고 싶은 일을 찾고 싶다면 하고 싶은 일을 찾으려고 해서는 안 돼요. 하고 싶은 일을 찾을 생각이라면 하기 싫은 일부터 찾아내세요."

'하기 싫은 일'을 정확히 골라내는 과정을 통해 내가 진짜 하고 싶은 일을 찾을 수 있다. 이 방법은 당신의 잠재된 소망을 이끌어낸다. 다른 사람의 시선이나 세상의 평판, 가족의 기대 혹은 친구나 지인들의 상식 같은 손때 묻은 '하고 싶은 일'이 아니라 당신의 마음이 원하는 '진짜 하고 싶은 일'에 초점을 맞춘다.

'하기 싫은 일'을 정확히 골라내기 전에 '하고 싶은 일'을 목표로 내걸면 비극이 따른다. '하고 싶은 일' 중에는 '하기 싫은 일'이 포함되어 있기 때문이다. 예를 들어 회사를 키우겠다는 목표를 세웠다고 하자. 그러면 그 목표를 달성하기 위해서는 상대하기 싫은 고객과도 어울려야 한다. 일이 우선되다 보니 가족과 함께하는 휴가는 엄두도 내지 못하고, 아이들과 대화할 시간도 점점 사라진다. '가족과의 행복'을 위해 시작한 일인데 오히려 가족을 뿔뿔이 흩어지게 만든다. 내가 원한 삶은 이런 것이 아니라며 뒤늦게 후회해도 되돌릴 수 없다. 이게 최악이 아니면 무엇이란 말인가?

　'하기 싫은 일'을 정확히 골라내라. 그런 다음에는 '하고 싶은 일'을 적어라. 그러면 작용과 반작용의 법칙이 일어난다. 자기가 선택한 '하기 싫은 일'을 100퍼센트 안 하게 되면, 자신이 선택한 일은 120퍼센트가 아니라 200퍼센트 노력하게 되지 않을까?

　사람은 정말로 하고 싶은 일을 하게 될 때는 뜨거운 열정으로 몰입하게 된다. 상대하기 싫은 고객과 부딪히지 않아도 되니 거래하고 싶은 고객에게 혼신의 힘을 다해 일할 수 있게 된다.

내가 달려갈
레일을 깔아둔다

'하기 싫은 일'과 '하고 싶은 일'을 확실히 구분하라. 다음 과정으로 넘어가기 전에 반드시 이 작업을 하기 바란다. 이러한 작업은 당신을 원하는 모습으로 바꾸는 아주 중요한 과정이기 때문이다. 혹시 크게 도약하고 싶은가? 상상도 못 할 만큼 자유로워지고 풍요로워지고 싶은가? 그렇다면 30분만 시간을 내주기 바란다. 이 30분이 당신의 인생을 바꿔줄 것이다.

먼저 펜을 준비하고 마음을 편안히 하자.

'하기 싫은 일' 명확히 하기

지금 이 순간 내 인생에서 지워버리고 싶은 일, 하기 싫은 일들을 가능한 한 많이 적어보세요. 당신이 마법사라면 무엇을 제거하고 싶습니까? 당신이 앞뒤 생각하지 않고 일단 일을 저지르는 사람이라면 제일 먼저 무엇을 그만두겠습니까?
깊이 고민하지 말고 떠오르는 대로 적으세요. 손을 멈추지 말고 펜이 움직이는 대로 하기 싫은 일을 최대한 많이 적어보세요.

'하고 싶은 일' 명확히 하기

이번에는 '하고 싶은 일'을 종이에 적어보세요. 어떤 제한도 두지 마세요. 하고 싶었던 일이 있으면 모두 적어보세요. 실현될 것 같지 않은 일, 말도 안 되는 일이라도 상관없습니다. 기한에도 구애받지 마세요. 당신에게는 필요한 자원인 돈, 지식, 능력, 인맥이 모두 준비되어 있습니다.

깊이 고민하지 말고 떠오르는 대로 적으세요. 손을 멈추지 말고 펜이 움직이는 대로 하고 싶은 일을 최대한 많이 적어보세요.

하고 싶은 일을 모두 이룬 그 순간의 성취감을 느껴보세요. 당신 주위에 무엇이 보이나요? 무슨 소리가 들리나요? 어떤 기분이 드나요?

내가 창업했을 때, 이 2단계 과정을 통해 명확히 찾아낸 '하고 싶은 일'들은 다음과 같다.

33세 ~ 36세 동안 하고 싶은 일
- 일본 최고의 다이렉트 마케터가 된다.
- 사옥과 집을 짓는다.

37세 ~ 39세 동안 하고 싶은 일
- 재능 있는 많은 사람들을 억만장자로 만든다.
- 사회 공헌을 위한 기금을 마련하고 보람 있는 사업을 시작한다.

나는 올해 37세다. 노트를 보고 알게 된 사실이지만 33세부터 36세까지 '하고 싶은 일'은 이미 실현되었다. 그런데 놀라운 사실을 발견했다. 내가 37세부터 39세까지 하고 싶은 일은 '재능 있는 많은 사람들을 억만장자로 만든다'라는 목표였다. 신기하게도 나는 올해 '억만장자 창출 프로젝트'라는 사업을 시작했다. 이 프로젝트에 대해 이미 5년 전에 종이에 적어두었다는 사실을 까맣게 잊고 있었는데도 말이다. 결국 나는 5년 전 종이에 적었던 목표를 지금 꼭두각시 인형처럼 실행하고 있을 뿐이다.

모든 일들은 자신이 이전에 깔아놓은 레일 위를 달려간다.

자기 스스로 깔아놓은 레일을 달리는 사람과 다른 사람이 깔아놓은, 어디로 가는지도 모르는 레일을 달리는 사람은 인생의 속도가 확연히 다르다.

'하기 싫은 일'과 '하고 싶은 일'
사이에서 결판을 짓는다

'하기 싫은 일'과 '하고 싶은 일'은 명확해졌는가? 이 2가지는 서로 부딪히는 경우가 있다. 나는 당신에게 '하고 싶은 일만 하고, 하기 싫은 일은 하지 말라'라고 이야기하는 것이 아니다. 중요한 것은 '하기 싫은 일'과 '하고 싶은 일' 사이에서 결판을 짓는 것이다.

결판을 짓는다는 것은 어떤 의미일까? 예를 들어보겠다. 어느 재활용업체의 사장이 '하기 싫은 일'의 리스트를 작성했다. 그랬더니 실은 재활용업체를 운영하고 싶지 않다는 사실을 깨달았다. 대신 그가 '하고 싶은 일'은 경영 컨설팅이었다.

사장은 고민 끝에 직원에게 회사를 넘겼다. 그렇다고 하락

세를 이어가는 회사를 넘긴 것은 아니었다. 속이 알찬 번듯한 회사였다. 효율이 매우 높은 고객 확보 시스템과 최소한의 인원으로 운영할 수 있는 조직을 갖추고 이제 막 이익을 회수하려는 시점이었다. 회사를 계속 운영하면 예측 가능한 수익이 보장된다.

그러나 사장은 하기 싫은 사업을 앞으로 몇 년이나 계속하는 것은 인생을 낭비하는 일이라고 생각했다. 재활용업체를 운영하고 성장시키면서 큰 배움을 얻었지만, 자신은 이제 그 사업에서 더 배울 것이 없다고 결론을 내렸다. 재활용업체 운영이라는 '하기 싫은 일'을 더 이상 계속할 필요가 없겠다고 결판을 지은 것이다.

여기서 주의할 점은 사장이 단순히 '하기 싫은 일'을 그만둔 게 아니라는 사실이다. 사장은 경영 컨설턴트가 되어 다시 회사를 설립했다. 당시에는 자신이 컨설턴트로서 잘해낼 수 있을지 불안했지만, 몇 개월이 지난 지금은 전보다 많은 수입을 올리고 있다.

이와 비슷한 예는 또 있다. 건축사무소를 운영하는 사장이 있었다. 그는 나를 찾아와 건축업이 하기 싫다고 고백했다. 이야기를 들어보니 그는 건축사무소를 운영하기 싫다기보다 '머리를 숙이는 영업'이 싫었던 것이다. 나는 다시 생각해보라고 했다.

"건축사무소를 운영하기 싫은 건 아니군요. 단지 영업이 하고 싶지 않은 거죠. 그렇다면 영업을 하지 말고 고자세로 사무소를 운영해보면 어떨까요?"

다음 날 그는 직원들에게 하기 싫은 일이 무엇인지 물어보았다. 그러자 그들도 같은 대답을 했다.

"사장님, 저희는 억지로 영업을 하고 싶지 않습니다."

"그렇다면 굳이 안 해도 돼."

"네? 그러면 고객이 없잖습니까."

"무슨 소린가! 앞으로는 고객이 우리한테 부탁하러 오게 만들어야지. 이제부터는 그런 시스템으로 운영할 걸세."

사장은 창업한 지 2년 만에 주택 59채를 수주받았고, 현재 지역 1위 업체를 이끌고 있다.

단순히 '하기 싫은 일은 하지 않아도 된다'고 단세포적으로 해석하지 않길 바란다. 세미나에서 '설레는 일만 하면 성공한다'라는 이야기를 듣고 실제로 일을 그만두는 사람들을 보았다. "그래서 어떻게 할 생각인가요?"라고 물으면 "어쨌든 저는 지금 이 순간에 충실할 뿐입니다"라고 답한다. 그런 식으로 회사를 그만둔 이들은 세미나에서 자원봉사를 하거나 빈둥거리는 실업자로 전락한다.

하기 싫어도 해야 하는 일도 분명히 있다. 배워야 할 것을 제대로 배우지 않고 내던져버리면 똑같은 상황이 반복될 뿐이다. 그래서 '하기 싫은 일'과 '하고 싶은 일' 사이에서 결판을 지을 필요가 있다. 결판을 짓기 위해 스스로에게 다음과 같은 질문을 해보자.

- 정말로 하기 싫은가? 하기 싫은 일 중에서도 제일 하기 싫은 일은 무엇인가? (예: 회사가 싫은 것이 아니라 저자세로 영업하는 일이 싫다.)
- 다음 단계로 나아가기 위해 지금까지 쌓은 경험을 통해 충분히 배웠다고 생각하는가?
- 아직 충분히 배우지 못했다면 좀 더 배우기 위해 무엇을 해야 하는가? 그리고 언제까지 할 것인가?

다시 말해 지금이 내가 하고 있는 일을 졸업할 때인지 아닌지를 판단할 시점이라는 이야기다. '하고 싶은 일'과 '하기 싫은 일' 사이에서 결판을 짓는 방법에 대해서는 제7습관 '결단을 내리는 사고 과정을 배운다'에서 다시 한 번 이야기할 예정이다. 지금은 '하기 싫은 일'과 '하고 싶은 일'을 명확하게 분별해서 하고 싶은 일이 정말로 내가 하고 싶은 일인지, 아니면 다른 이들의 시선을 의식한 목표는 아닌지 확인하기 바란다.

나만의
미션 찾기

'하기 싫은 일'과 '하고 싶은 일'을 하나하나 적다 보면 도대체 내가 무엇을 위해 살아가고 있는지를 생각하게 된다. 그것이 바로 '미션(사명감)'이다. 인생을 살아가는 목적의식이라고 해도 좋다.

미션이 없어도 사는 데 지장은 없다. 미션에 대해 생각해본 적 없는 사람도 많다. 하지만 미션이 있는 것과 없는 것에는 커다란 차이가 있다. 어떤 차이일까? 자신이 하고 싶은 일이라면 그것이 어떤 일이든 실현하는 속도가 빨라진다는 것이다.

그 이유는 다시 자세히 설명하겠지만 간단히 말하면 이렇다. 누구든 일상적인 활동에서 목적의식을 갖게 되면, 뇌의 안테나는 그 목적의식에 초점을 맞춰 아주 민감하게 반응해 필요한 정보와 자원을 효율적으로 확보한다. 그러면 결과적으로 필요한 것이 가장 적절한 시기에 생기고, 자신이 원하는 것을 보다 빠르게 실현할 수 있게 된다.

아직 미션에 대해 생각해본 적 없다면 스스로에게 다음 질문을 해보자.

- 앞으로 6개월밖에 살지 못한다면 나는 무엇을 해야 할 것인가?
- 남은 6개월 동안 돈을 한 푼도 벌지 못한다고 해도 내가 해야 할 일은 무엇인가?

이 질문에 대한 답을 실행하는 것이 인생을 살아가는 당신의 미션이다. 미션을 찾을 때는 자신의 성장 내력을 돌아보는 것도 좋은 방법이다. 어린 시절의 경험이 현재 나의 미션으로 이어지는 경우가 많기 때문이다. 과거의 기억을 떠올려보자.

- 어렸을 때 겪은 괴로움은 무엇이었나?
- 아버지(혹은 어머니)와 어떤 갈등을 겪었는가?
- 지금까지 어떤 어려움이 있었는가?
- 그 어려움은 어떤 의미가 있다고 생각하는가?

미션이 멋있어 보일 필요는 없다. 맨 처음 내 미션은 '상식을 깨면 성공한다'였다. 간단명료하고 제멋대로였지만 상관없었다. 지금 생각해도 꽤 괜찮은 미션이다.

앞에서도 말했듯이 성장 초기에는 약간 이기적이어도 괜찮다. 처음부터 완벽하게 갖춘 상태에서 시작하지 않아도 된다. 일단 시작하는 것이 중요하다. 출발은 완벽하지 않더라도 어느 정도 안정되면 사회에 공헌하고 싶은 욕구가 생긴다. 내가 운영하는 두 회사의 미션은 나 개인의 미션과 겹치는 부분이 있어서 소개해본다.

- 세계 최첨단 학습 방법을 전수해 일본에서 교육 혁명을 일으키고, 세계적으로 인정받는 뛰어난 인재를 단기간에 많이 배출한다. 그 결과 일본의 뛰어난 문화, 사상, 기술을 전 세계에 알리는 데 중심 역할을 한다.
- 업적을 세우는 일에 최선을 다하며, 상식에 얽매이지 않고 혁신을 추구하는 회사에 최신 경영 비법 및 기술을 전수한다. 막강한 경쟁력을 갖춘 다수의 회사들을 창출해 중소기업을 활성화하는 중추적인 역할을 한다.

내가 생각하기에도 거창하다. 과연 가능할까 싶다.

미션은 없는 편이 낫다는 사람도 있다. 자신의 미션을 강요하는 사람이 있기 때문이다. '신흥 종교를 알리는 것이 나의 미션'이라는 사람에게 가치관을 강요받을 수도 있으니 말이다. 그럼에도 나는 미션은 반드시 있는 편이 좋다고 생각한다. 미션 유무에 따라 목표를 달성하는 속도가 자전거와 제트기만큼이나 큰 차이가 나기 때문이다.

미션은 정말이지 거창할 필요가 없다. 어디까지나 자신의 능력치를 최대한으로 끌어내기 위한 일종의 테크닉이라고 간주하면 된다. 또한 자기 자신을 위한 미션이어야 하며, 다른 사람에게 강요해선 안 된다.

자신의 미션을 적어보고 싶다면 다음 페이지를 활용해보자.

자, 준비됐는가?

'앞으로 6개월밖에 살지 못한다면 나는 무엇을 해야 할 것인가?' 마음을 편안하게 하고, 완벽하게 쓰려고 하지 말자. 어차피 나중에 바뀔 테니까. 자신의 마음에 솔직하되, 깊이 고민하지 말고 느끼는 대로 적어보자.

나의 미션

- 앞으로 6개월밖에 살지 못한다면 나는 무엇을 해야 할 것인가?
- 남은 6개월 동안 돈을 한 푼도 벌지 못한다고 해도 내가 해야 할 일은 무엇인가?

왜 종이에 적으면
실현되는가

"꿈과 목표를 가져라!"

초등학교 때부터 들었던 말이다. 하지만 아는 것과 실제로 행하는 것 사이에는 엄청난 간극이 있다.

왜 목표를 확실히 하면 상상도 못 해본 능력이 발휘되는 것일까? 나 역시 성공 법칙에 관한 책이라면 몇백 권이나 읽었다. 그런데 직접 실행해보니 충격적이었다. 너무나 엄청난 충격이라 그 에너지를 사람들에게 전하지 않을 수 없었다.

도대체 왜 목표를 종이에 적으면 실현되는 걸까? 정말 신기했다. 그래서 조사를 해보았다. 그 결과 뇌의 메커니즘에 그 이유가 있다는 사실을 알게 되었다.

뇌의 메커니즘을 알면 잠재되어 있던 능력을 발휘할 수 있게 된다. 간단히 말하면, 뇌는 당신이 어떤 질문을 하면 고도로 정밀한 안테나를 세워 그 질문에 필요한 정보를 수집하기 시작한다. 과거의 경험과 현재 눈앞에서 펼쳐지는 상황들 속에서 질문에 대한 답을 검색하는 것이다. 뇌는 질문을 받자마자 마치 표적을 쫓는 적외선 유도 장치를 장착한 미사일처럼 답을 탐색한다.

정보를 처리하는 양도 실로 엄청나다. 가속 학습 부문의 세계적 권위자인 폴 쉴리Paul Scheele 박사와 교육 심리학자인 윈 웽거Win Wenger 박사가 주장하는 바에 따르면, 뇌는 매초 1000만 비트*가 넘는 정보를 처리한다고 한다. 시각은 매초 1000만 비트, 청각은 40만 비트, 그리고 촉각은 100만 비트를 처리한다. 이 숫자는 연구자에 따라 다르지만 '뇌가 엄청난 정보 처리 능력을 갖고 있다'라는 주장에는 이견이 없다.

우리의 뇌는 정말 그 정도로 엄청난 정보 처리 능력이 있는 것일까? 실험을 한번 해보자. 당신이 지하철을 타고 있다고 가정해보자. 우선 눈을 감는다. 마음속으로 '여성은 어디에 있

---

* bit, 정보량의 최소 단위. ─ 옮긴이

지?' 하고 질문한다. 그런 뒤에 카메라 셔터처럼 눈을 단번에 뜬다. 그러면 순간적으로 여성이 눈에 확 들어온다. 다시 눈을 감는다. 이번에는 '빨간 옷을 입은 사람은?' 하고 질문한다. 그리고 눈을 떠보면… 순식간에 빨간 옷을 입은 사람이 눈에 확 들어올 것이다.

인간의 뇌는 질문을 하면 즉각적으로 눈앞에 있는 정보를 탐색하는 능력이 있다. 이런 대단한 능력을 우리는 무심코 지나칠 게 아니다. 컴퓨터에 똑같은 작업을 실행하려면 어느 정도의 처리 능력과 속도가 필요할까?

NHK 텔레비전에서 가루타* 일본 선수권 대회를 중계한 적이 있다. 일본 최고의 선수는 읽어주는 사람이 글귀를 읽기도 전에 손이 먼저 움직인다고 한다. 읽는 이의 숨소리만 들어도 다음에 어떤 카드를 읽을지 예측 가능하다는 것이다.

뇌는 이토록 대단한 능력을 갖고 있다. 그러나 유감스럽게도 목적의식 없이 질문하면 뇌는 기능하지 않는다. 눈앞의 정보조차 알아차리지 못한다. 세탁기가 고장 난 상황을 예로 들어보자. 바쁜 와중에 세탁기가 고장 났다고 투덜대면서 신문을

---

* 일본의 카드놀이 중 하나로, 시가 적힌 카드를 늘어놓고 시의 첫 구절을 읽으면 다음 구절을 찾아 없애는 놀이. — 옮긴이

뒤적이다 보면 '이번 주말, 최신 기종 세탁기 5대 한정 할인 판매'라는 세탁기 광고를 보게 된다. 사실 한정 할인 판매 행사는 매주 진행되고 있었다. 그런데 이전에는 '새로운 세탁기를 갖고 싶다'라는 요구를 뇌로 보내지 않았기 때문에 그 광고를 보고도 무심코 지나쳤던 것이다.

매초 1000만 비트가 넘는 고속 정보 처리 능력은 주로 이미지와 음악, 감정 등의 정보를 관장하는 우뇌(잠재의식)가 담당한다. 이와 달리 논리와 언어를 관장하는 좌뇌(현재 의식)는 매초 40비트의 정보밖에 처리하지 못한다.*

좌뇌(현재 의식)가 쓸모없다는 의미는 아니다. 좌뇌는 우뇌에 명령과 요구를 보내 질문에 대한 답을 알기 쉽게 제시하는 역할을 한다. 이해를 돕기 위해 뇌를 컴퓨터에 비유해보자. 우뇌는 컴퓨터의 하드디스크에 해당한다. 하드디스크에는 대량의 정보를 축적할 수 있다. 하지만 하드디스크 안에 어떤 정보가 저장되어 있는지 겉만 보고 알 수 있을까? 당연히 알 수 없다. 단순한 상자로만 보일 것이다.

---

* 최근 연구 결과를 보면 우뇌와 좌뇌의 기능은 엄밀하게 나누어져 있지 않다는 사실이 밝혀졌다. 하지만 이 책에서는 '뇌를 충분히 활용하는 것'을 목적으로 하고 있어서 우뇌는 이미지를 처리하는 잠재의식을 관장하고, 좌뇌는 논리와 언어를 처리하는 현재 의식을 관장한다는 식으로 설명을 단순화했다.

그렇다면 하드디스크 안에 들어 있는 정보를 가치 있는 것으로 만들기 위해서는 어떻게 해야 할까? 그렇다. 화면(모니터)으로 불러내야 한다. 화면에 나타나면 가치 있는 정보로 이해할 수 있다. 좌뇌, 즉 현재 의식은 컴퓨터 화면에 해당한다. 비록 정보를 처리하는 속도는 느리지만 정보를 활용 가능한 형태로 불러낼 수 있다.

결국 우뇌에서는 정보를 수집하고 축적하며, 좌뇌에서는 필요한 정보들만 정리해 알기 쉽게 제시한다. 컴퓨터와 비슷한 구조로 되어 있다. 그렇다면 어떻게 해야 우뇌에서 필요한 정보만 골라서 좌뇌로 불러낼 수 있을까?

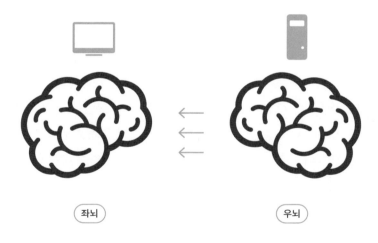

좌뇌   우뇌

하드디스크(우뇌)에 저장된 정보를 화면(좌뇌)으로 불러낸다.

이 시스템 역시 컴퓨터의 작동 원리와 같다. 하드디스크 안에 저장된 정보를 화면으로 불러내려면 어떻게 해야 할까? 검색 엔진을 활용하면 된다. 검색 엔진에 질문이나 키워드를 입력하면 그와 관련된 정보를 찾아낸다. 검색 엔진은 당신이 컴퓨터로 다른 작업을 하고 있을 때도 스스로 알아서 정보를 빠르게 검색한다. 이와 똑같은 역할을 우뇌가 담당하는 것이다.

뇌는 일단 질문을 받으면 24시간 내내 쉬지 않고 매초 1000만 비트의 정보를 처리하면서 답을 찾는 '슈퍼' 컴퓨터다. 질문한 내용을 잊고 있어도 작업은 계속하고 있다. 그러니까 반대로 말하면, 적절한 질문을 했는데 적절한 답이 나오지 않는 것은 불가능하다는 이야기다.

질문은 목적의식에 의해 만들어진다. 인생의 속도를 높이는 것 역시 어떤 목적의식, 즉 미션이 있을 때 가능하다. 미션은 뇌의 안테나를 세우고 필요한 모든 정보들을 수집한다. 특히 실현하고 싶은 것을 종이에 적어서 잠재의식에 목표로 입력시켜 놓으면, 뇌는 목표 실현에 필요한 정보를 쉬지 않고 계속해서 수집한다. 뇌는 구조상 목표를 실현하기 위한 답을 찾아내게 되어 있다. 그래서 깜박 잊고 있었는데 자동으로 목표가 실현되어 있는 경우가 생기는 것이다.

이러한 뇌의 경이적인 구조를 생각하면 목표는 많을수록 좋다는 결론에 도달한다. 내가 실제 경험한 바로는, 우리의 뇌는 패럴렐 컴퓨터parallel computer처럼 몇 가지 작업을 동시에 병행 처리할 수 있다. 100가지 질문을 하면 100개의 검색 엔진이 동시에 작동하면서 그 답을 계속해서 찾아낸다. 성공한 사람들 중에는 목표가 6000개인 사람도 있었다. 몇 년 전부터 내 목표는 128개다. 그중에서 몇 가지만 소개해보려고 한다.

- 스포츠카를 구입한다.
- 고액 납세자가 된다.
- 총리가 나에게 전화해 마케팅 상담을 부탁한다.
- 하마자키 아유미(일본의 인기 가수)와 식사를 한다.
- 아놀드 슈왈츠제네거(미국 영화배우)와 이야기를 나눈다.

나는 이를 '실현할 목록'이라고 부르는데, 쓰고 나서 2년이 지나자 실현했다고 할 만한 것들이 제법 나와서 깜짝 놀랐다.

뇌는 이토록 대단한 능력을 가지고 있다. 그런데도 학교 교육에서는 아주 작은 용량의 지식을 외우는 것을 중요하게 여긴다. 말도 안 되는 짓이다. 계속 말했듯이 우리 뇌는 필요하다고 생각되면 1초에 1000만 비트 이상의 정보를 처리할 수 있기 때문이다. 정보를 달달 외우는 데 시간을 쓰는 것은 인생을 낭비하는 것이다. 그보다는 초고성능 패럴렐 컴퓨터인 뇌의 사용 방법을 배우는 편이 훨씬 더 인간적이고 효율적이다.

어쩌면 "당신이 하는 말은 비논리적이고 비과학적이다. 도
저히 믿을 수 없다"라고 말하는 이도 있을지 모르겠다. 물론 엄
밀히 따지면 과학적이지 않다고 생각한다. 사실 나 역시 아직
도 반신반의하고 있다.

하지만 나는 일단 해봤다. 그랬더니 나도 모르는 사이에 목
표가 실현되어 있었다. 목표가 실현되었기 때문에 다시 한 번
또 다른 목표를 종이에 적어보았다. '한 번은 실현되었지만 다
음번에도 또 그렇게 될까?' 하면서.

그랬는데 이번에도 또 실현되었다. '와, 진짜 말도 안 돼!' 하
며 놀라는 사이에도 내가 '실현할 목록'이 하나씩 하나씩 이루
어지고 있다. 그러니 이제는 믿든 안 믿든, 과학적이든 아니든
아무래도 상관없다. 그저 하면 되는 거니까, 하면.

그러니까 당신도 속는 셈치고 목표를 몇 개쯤 적어보라고
권하는 것이다. 밑져야 본전이다. 실현되지 않는다고 당신이
손해 볼 것은 없다. 있다면 종이 한 장과 몇 분의 시간을 허비
했을 뿐이다. 그러나 적어놓은 목표 중 하나라도 실제로 이루
어진다면… 그때는 나에게 뭐라고 할 것인가?

부자와
보통 사람의 대화

—   지금까지 인간의 뇌는 3퍼센트도 사용되지 않았다고 들었는데, 정말인가요?

♕   그래, 맞아. 문제는 나머지 97퍼센트를 어떻게 사용할 것인가 하는 거지. 하지만 아무도 아는 사람이 없었다네.

—   나머지 97퍼센트, 그러니까 잠재의식을 사용하기 위해서는 질문을 하는 것이 스위치가 되겠군요.

♕   그렇지. 질문이 스위치인 셈이지. 아인슈타인도 '만약 내가 살해당할 것 같은 상황에서 살아남을 방법을 궁리하는 데 주어진 시간이 1시간밖에 없다면, 처음 55분은 적절한 질문을 찾는 데 쓸 것이다'라고 말했지. 그만큼 질문이 중요하다는 이야기네.

— 질문을 하려면 목적의식이 있어야 하는 거죠? 자신만의 미션이 있으면 꿈이 실현되는 속도도 더 빨라지는 것이고요. 그래서 말인데요, 저는 아직 제 미션이 뭔지 모르겠습니다.

♛ 그런데?

— '6개월 후에 죽는다면 무엇을 해야 할까?' 하는 질문이 있었지요? 생각해봤는데 도저히 떠오르지 않았어요.

♛ 정말인가? 그럼 다시 물어보겠네. 자네가 6개월 후에 죽는다면 지금 무엇을 하고 싶은가?

— 글쎄요, 예쁜 아가씨들하고 실컷 놀았으면 좋겠네요.

♛ 그럼, 실컷 놀게나. 하루에 아가씨 몇 명이면 되겠나?

— 한 5명 정도?

♛ 그래. 5명 정도면 시간이 얼마나 걸릴 것 같은가?

— 글쎄요, 4~5시간 정도겠죠.

♛ 그러면 잠자는 시간을 8시간으로 잡고 4시간을 놀았다고 치세. 그래도 아직 12시간이나 남는군. 남은 12시간 동안은 뭘 하고 싶지?

— 가족과 시간을 보내고 싶습니다. 아이와 함께 놀고 싶기도 하고요.

♛ 좋아! 그럼 아이와 몇 시간이나 같이 놀고 싶은가? 남은

12시간 내내 함께 있고 싶은가?

— 아니오. 그렇게 착 달라붙어 있으면 아이한테도 스트레스니까요.

♛ 그러면 몇 시간?

— 글쎄요, 한 5시간 정도.

♛ 그럼 아직도 남은 7시간 동안은 뭘 할 거지?

— 하, 그러네요. 뭘 할까요?

♛ 아무것도 없나?

— 그러게요…. '우리 아버지는 정말 멋진 아버지였어'라는 말이라도 듣고 죽었으면 좋겠네요.

♛ 구체적으로?

— 글쎄요. 저는 어렸을 때 아주 낡은 집에서 살았습니다. 천장에 구멍이 나 있어서 밤에 잠자리에 누우면 별이 보였지요. 그래서 할 수만 있다면 많은 사람들에게 좋은 집을 지어주고 싶어요.

♛ 방금 자네가 한 대답이 자네의 미션과 연관된 거라네. 그리고 설사 돈을 못 번다 해도 해야 할 일을 찾은 거네. 그 일에 열심히 몰두하다 보면 윤택해질 수도 있는 거고.

— 24시간 진지하게 일에 몰두하게 되니 성공하지 않을 수 없겠군요.

♛ 그렇게 할 수 있다면 어떨 것 같은가?

— 음, 이제는 죽음을 받아들일 수 있을 것 같습…. 아, 이게
   아니지. 그럼 이제 다시 미션에 대해 생각해야겠어요.

CHAPTER 2

제2습관

자신에게
최면을 건다

현실을 컨트롤할 것인가,
컨트롤당할 것인가

"당신은 지금 졸립니다. 졸립니다. 졸립니다."

"눈꺼풀이 무거워집니다. 무거워집니다. 무거워집니다."

이번에는 최면술 이야기다. 최면술이라는 말을 들으면 무시하거나 혹은 정신이 번쩍 들겠지만, 결국 인간은 반복되는 말에 약하다는 이야기다. 같은 말을 단조롭게 반복해서 들으면 가벼운 최면 상태에 빠지게 된다. 그 결과 반복해서 듣는 말을 그대로 믿고, 그 말대로 행동하게 된다.

당신이 눈치채지 못하는 사이에 최면술은 빈번히 사용되고 있다. 가장 무서운 사례는 집단으로 행해지는 최면술이다.

CEO 대상 강연회에서 많은 사회자들은 "유례를 찾아볼 수 없을 정도의 지금과 같은 불황에서 살아남기 위해서는…" 하면서 이야기를 시작한다.

나는 이런 말을 들을 때마다 그 강연회에 참석한 사람들이 안쓰럽다는 생각을 하게 된다. 같은 말을 계속 반복해서 듣고 주위 사람들도 그 말에 동조하며 고개를 끄덕이면 참석한 사람들은 자신도 모르게 가벼운 최면에 걸리게 된다.

'맞아. 요즘 정말 힘든 불황이지. 사람들이 모두 고개를 끄덕이면서 공감하는 걸 보니 틀림없어. 요즘 같은 시기는 매출을 올리기 쉽지 않지. 그러면 이번 달 캠페인은 상황을 좀 더 지켜봐야겠군.' 같은 말을 반복해서 듣다 보니 사람들은 적극적으로 불황에 동참하게 된다. 사회자가 '불황'이라고 계속 반복하는 것은 참석자들에게 불황이라는 현실을 이식시키는 것이나 다름없다.

왜 이런 일이 일어나는 것일까? 인간의 기억이 어떻게 만들어지는지를 파악하면 이해하기 쉽다. 기억은 뇌 속의 일부분에 저장되어 있는 것으로 알고 있지만, 실제로는 그렇지 않다. 노벨상을 수상한 신경학자 제럴드 에델만Gerald Edelman 박사는 이렇게 말했다.

"기억은 뇌의 어느 일부분에 저장되는 게 아닙니다. 생각이

날 때마다 그 순간에 매번 재구축됩니다. 뇌 안에서는 시냅스와 시냅스가 서로 결합해 기억의 경로(신경회로)가 만들어지는 일밖에는 일어나지 않습니다. 그 신경회로에 전기 신호가 전달됨으로써 '기억나는' 것인데, 그 순간 순간마다 새로운 현실을 만들어내는 것과 같습니다."

이것은 엄청난 일이다. 요약하면 과거는 환상에 지나지 않으며, 바로 이 순간에 기억이 재구축되는 것일 뿐이라는 뜻이다. 아인슈타인도 물리학적 관점에서 똑같은 결론을 내렸다.

"현재, 과거, 미래라는 것은 그야말로 환상 이외에 아무것도 아니다."

이렇게 만들어지는 기억의 경로는 반복되면서 자라난다. 특히 자신이 소리 내어 입 밖으로 말하거나 다른 사람들이 "아, 그렇군요" 하고 고개를 끄덕이면, 그것으로 피드백되어 기억 경로가 기하급수적으로 보강된다. 그 결과 기억을 간단하게 재구축할 수 있게 되는 것이다.

앞서의 사례처럼 '불황'과 같은 말을 자주 하는 동료와 같이 있으면 '지금은 불황'이라는 기억 경로가 급속히 굵어진다. 그러면 아주 사소한 정보라도 불황이라는 기억 경로를 통과하게 되고, 그때마다 불황이라는 현실이 재구축되어 무슨 일이든 모두 불황 탓으로 돌려버리게 된다. 그 순간 불황은 자신에게도 현실이 되어버리는 것이다.

이처럼 우리는 계속 반복되는 말, 자기 자신에게 하는 말, 그리고 다른 사람이 동조하는 말로 현실을 구축한다. 그러다 보니 주위 환경—어떤 사람을 자기 주변에 두는가—으로 자신의 현실도 바뀌어버린다. 정말 무서운 일이다.

그렇다면 우리에게는 2가지 선택만 남는다. 다른 사람에게 나의 현실을 컨트롤당할 것인가, 아니면 내가 나의 현실을 컨트롤할 것인가. 둘 중 하나다.

내가 원하는 대로
잠재의식을 프로그래밍한다

나의 현실은 내가 컨트롤해야 한다!

나의 현실은 계속 반복해서 듣는 말, 나 스스로 하는 말, 그리고 다른 사람이 동조하는 말에 의해 컨트롤된다. 그렇다면 나에게 도움되는 말을 반복해서 듣고, 또 말하기만 하면 된다. 자기 자신에게 최면을 거는 것이다.

자기 최면을 걸면 불안한 마음이 사라지면서 자연스럽게 목표를 향해 나아갈 수 있게 된다. 자기 최면이란 내 잠재의식을 내가 프로그래밍하는 방법이다. 다른 사람에 의해 만들어진 기억 회로를 일단 차단시킨 후 자기 자신에게 유리하도록 재구축하는 것이다.

자기 최면에는 여러 가지 방법이 있다. 이 책에서는 게으름뱅이인 나 같은 사람도 싫증 내지 않고 오래도록 계속할 수 있는 가장 간단한 자기 최면법을 소개하려고 한다.

당신은 제1습관에서 목표를 설정하고 종이에 그 목표를 적었다. 종이에 적고, 그 종이를 금고에 넣어두는 것도 어느 정도 효과는 있다. 하지만 그보다 더 확실한 방법이 있다. 바로 '반복'하는 것이다.

가능하다면 현재 의식의 장애물을 약화시킨 다음 반복하는 것이 좋다. 현재 의식은 잘 모르는 것에 대해 저항해서 새로운 일을 시작하려고 하면 '불가능'의 방어벽을 쌓기 때문이다. 따라서 현재 의식이 개입하지 않을 때를 기다렸다가 잠재의식을 프로그래밍해야 한다. 그때가 언제일까? 바로 잠에서 깨어났을 때나 잠들기 전, 의식이 채 깨어나지 않았을 때다.

프로그래밍 작업은 아주 간단하다.

밤에 잠들기 전에 목표를 적은 종이를 편안한 마음으로 읽어본다. (소리내지 않고 마음속으로 읽어도 상관없다.)

그리고 아침에 일어나 다시 한 번 더 읽는다.

이것만 하면 된다.

좀 더 정교하게 기술적으로 하는 다른 방법도 많다. 그러나 굳이 시간을 들여 다른 방법을 힘들게 배우고 실행해볼 것 없이 간단한 이 방법으로 지금 당장 실행해보는 것이 낫다는 게 내 생각이다.

나는 종이에 적은 목표를 읽는 것만으로 무슨 일이든 잘 풀렸다. 단지 이 방법 하나만 사용했다. 내가 특별한 것 아니냐고 말하고 싶은 기분도 이해한다. 몇 년 전까지 나 역시 당신과 같은 입장이었으니까. 그러나 이는 단지 뇌 속에서 일어나는 화학반응일 뿐이다. 뇌의 화학반응이 당신과 내가 다르다고 생각하기는 어렵다.

잠재의식에 프로그래밍을 하는 이 방법은 다른 책들에서도 소개된 것처럼 이미 몇 세기 전부터 사용해온 것이다. 성공한 사람들 사이에서는 너무 당연하다고 여기는 방법이다. 다만 '잠재의식'이라고 하면 보통 이상한 데 빠진 게 아니냐고 의심하게 된다. 이를 부정적으로 해석하는 매체들도 있다. 그러다 보니 성공한 사람들은 이 방법을 공공연하게 드러내지 않는다. 남몰래 조용히 실행하고 있을 뿐이다.

내가 나의 잠재의식을 효과적으로 이용하기 시작한 계기는 잘 다니던 회사에서 정리해고를 당한 뒤부터다. 하루아침에 실업자가 된 나는 앞으로 어떻게 해야 할지 막막했다. 우연히 서점에 들렀는데 나도 모르게 빨려들 듯 《머피의 성공 법칙》이라는 책을 읽게 되었다. 잠재의식을 이용하는 방법에 관한 내용의 책이었다.

책을 보면서 나는 깜짝 놀랐다. 그제야 내가 왜 정리해고를 당했는지를 알게 되었다. 내가 정리해고 대상자가 된 것은 당연한 일이었다. 평소에 나는 '정리해고를 한다면 내가 제일 먼저 대상자가 되지 않을까?' 하는 말을 입에 달고 살았다. 나는 스스로에게 정리해고를 당하리라 최면을 걸고 있었던 것이다. 그 말이 그대로 현실이 되었을 뿐이었다.

나는 그때 잠재의식이 얼마나 강력한지를 처음 실감했다. 이런 엄청난 사실을 다른 사람에게도 알려주고 싶어서 당시 직장 상사와 커피를 마시면서 이야기를 꺼냈다.

"《머피의 성공 법칙》이라는 책을 읽었는데 그런 일들이 정말 있을까요?"

당시 연봉이 1억 원 정도였던 상사는 내 눈을 가만히 바라보았다. 그러더니 목소리를 낮추고 이렇게 말했다.

"…간다 씨, 그건 실제로 있는 일이에요."

내 경험으로는 연 수입 2억 원이 넘는 사람들은 거의 대부분 잠재의식을 의도적으로 활용하고 있다. 대놓고 말하지 않을 뿐이다. 그리고 이런 경향은 연봉이 많아지면서 점점 높아진다.

종이에 적은 목표를 읽고 좀 더 쉽게 잠재의식에 프로그래밍할 수 있는 2가지 힌트를 알려주겠다.

첫째, 목표를 설정할 때는 현재형을 사용한다.

구체적으로 설명하면 '나는 ~를 한다', '나는 ~이 된다', '나는 ~을 할 수 있다'라는 표현을 사용해서 문장을 현재형으로 마치는 것이다. 최면을 걸 때 '당신은 잠이 온다, 잠이 온다'라고 주문을 외우는 것처럼 '나는 ~이 된다'와 같은 현재형 표현 형식은 뇌에 입력하는 명령 언어다.

이처럼 긍정적인 표현을 계속 반복하는 것을 '어포메이션'*이라고 한다. 이 방법은 세계적인 수준의 스포츠 선수라면 누구나 반드시 하는 방법인데, 어포메이션을 하느냐 하지 않느냐에 따라 기록이 크게 달라지기 때문이다.

둘째, 목표를 읽으면서 기분 좋게 웃으면 훨씬 효과적이다.

나는 '총리가 나에게 대화를 요청한다'라는 목표(목표라기보다는 소망이지만)를 세웠다. 그 목표가 적힌 종이를 읽을 때 흡족하게 웃으면서 다음과 같은 상황을 생각한다.

---

*   affirmation, 자기긍정을 위한 암시. ─ 옮긴이

총리가 전화하면 어떻게 받을까? "당신이 쓴 책을 읽고 감동했습니다. 좀 더 이야기를 듣고 싶습니다"라고 말해도 덩달아 들떠서는 안 돼. '이제야 전화하다니 한참 늦은 것 아닌가' 하는 느낌으로 대화를 이어가야지. 그리고 타이밍을 봐서 "뭐, 총리께서 직접 오시겠다면 시간을 내보도록 하지요"라고 아무렇지도 않은 듯이 말해야지.

실제로 기분 좋게 웃으면 시야가 넓어진다. 그러면 우뇌가 활성화되어 잠재의식에 명령 언어를 입력하기가 더 수월해진다. 기분 좋게 웃으면서 상상하는 것을 '시각화visualization'라고 한다.

어포메이션이나 시각화 같은 용어가 낯설지도 모르겠다. 그래서 누구나 쉽게 해볼 수 있도록 제안하는 가장 간단한 방법이 바로 아침저녁으로 종이에 적은 목표를 읽으면서 기분 좋게 웃는 것이다. 하루 10분이면 충분하다. 머리를 쓸 필요도 없다. 이런 간단한 방법으로 당신이 원하는 목표가 실현된다는데도 하지 않을 건가?

연 수입을 10배로
늘리는 열쇠

너무 간단한 방법이라 싱겁다고 여길지도 모르겠다.

'이렇게 간단한 방법으로 잘될 리가 없어.'

'이렇게 쉬운데 왜 성공한 사람이 더 많이 안 나오는 거지?'

이렇게 생각하는 것도 당연하다. 이렇게 쉬운데, 성공하는 사람이 더 많이 나와야 당연하다. 그런데 우리는 지금까지 성공하는 것은 너무 어려운 일이라고 생각해왔다. 아니, 성공하는 것은 어려운 일이라고 생각하도록 주입받아 왔다.

성공은 아주 쉬운 일이라고 그 누구도 말해주지 않았다. 그도 그럴 것이 성공하는 사람이 많아지면 경쟁자 또한 많아지기 마련이다. 그래서 성공은 어려운 일이라고 생각하게 놔두는 편이 유리했던 것이다.

우리는 지금까지 최면에 걸려 있었다. 성공은 한정된 몇몇 사람만 이룰 수 있는 것이라는 최면 말이다. 그래서 아무도 해보지 않았다. 종이에 목표를 적어놓고 가끔 읽어보는, 이런 간단한 방법을 해볼 생각조차 하지 않은 것이다.

내 말이 거짓이라고 생각된다면 주위 사람들에게 한번 물어보라.

"당신은 목표가 있나요?"

"네. 물론 있죠."

이렇게 대답하는 사람이 많을 것이다. 그러면 다음과 같이 다시 물어보자.

"그럼 그 목표를 종이에 적고 있나요?"

그렇다고 답하는 사람은 아마 20명 중 1명 정도일 것이다. 그러면 또다시 물어보라.

"종이에 적어놓은 목표를 아침저녁으로 읽어보나요?"

고개를 끄덕이는 사람은 거의 없을 것이다. 이 방법을 실천하고 있는 사람은 경영자들을 대상으로 하는 세미나에서조차 많아야 1퍼센트에 불과하다.

이런 결과는 한마디로 '성공을 거부하겠다'라는 의미로밖에 들리지 않는다. 반대로 말하면, 이 단순한 방법을 실천하기만 하면 상위 1퍼센트 안에 들 수 있다는 이야기다. 가장 중요한 포인트는 종이에 적은 목표를 읽는 습관을 갖는 것이다. 바로 이 습관이 보통 사람과 성공한 사람의 큰 차이를 만든다.

대부분의 사람들은 이렇게나 간단한 습관을 가지고 있지 않다. 왜 그런지 아는가? 사실 이 습관을 가지고 있느냐 없느냐가 연 수입을 10배로 늘릴 수 있느냐 없느냐를 결정하는 가장 중요한 열쇠가 된다. 우리끼리 하는 말이지만, 성공한 사람들은 다음으로 내가 말하는 것을 확실히 실천하고 있다. 습관을 들이기 위해 해야 할 일은 오직 하나다. 중요하니까 잘 듣기 바란다.

"…클리어 파일을 가지고 다닌다."

하하하! 이것뿐이다.

당신은 우리를 바보로 생각하느냐고 화를 내겠지만, 사실이니 어쩔 수 없다. 중요한 열쇠는 당신의 소망과 목표를 가지고 다니면서 보기 편하게 정리하는 것이다. 그러니까 자기계발 세미나에서는 가죽 수첩과 성공 법칙을 한 세트로 만들어서 판매하는데 몇백만 원이나 한다. 수첩이 가죽이건 아니건 성공과는 아무 관계가 없다. 수첩 양식도 상관없다.

가장 중요한 포인트는 종이에 적은 목표를 언제라도 꺼내

보기 쉽도록 잘 정리해두는 것, 그것뿐이다.

몇백 만 원을 들여도 효과는 똑같다. 그러니 당신이 이 책을 읽고 나서 당장 해야 할 일은 문구점에 가서 클리어 파일이나 바인더 노트를 사는 것이다. 그리고 이 책의 앞부분에서 찾아낸 당신의 목표를 클리어 파일에 정리하고 매일 아침저녁으로 읽는 것이다.

처음 얼마 동안은 외출할 때마다 클리어 파일을 가방에 넣고 다니길 추천한다. 그러면 어떤 일이 일어날까? 클리어 파일을 가지고 다니면 매일 목표를 의식하게 된다. 아침저녁뿐 아니라 낮 시간에도 뇌에서 목표를 의식하게 된다는 이야기다.

가능하다면 잠깐이라도 가방에서 클리어 파일을 꺼내 목표를 읽어보라. 그러면 거의 무의식적으로 '목표를 달성하기 위해 어떻게 해야 하는가?'라는 질문을 마음속으로 하게 된다.

- 목표에 한 걸음이라도 가까이 다가가려면 지금 무엇을 하면 좋을까?
- 목표를 실현하려면 무엇이 필요할까?

딱히 답을 찾으려고 노력하지 않아도 괜찮다. 그냥 마음속으로 질문만 해도 된다. 그러다 보면 문득 아이디어가 떠오르거나, 우연히 들른 서점에서 관련된 책을 발견하거나, 만나고 싶었던 사람을 만나게 되기도 한다. 틀림없이 목표 실현에 도움될 것 같은 일이 생기면서 아주 작은 변화에도 민감하게 대처할 수 있게 된다.

지금까지 소개한 방법만 해봐도 당신은 연 수입을 10배로 늘리기 위한 프로젝트를 시작한 것이나 마찬가지다.

"뭐야. 이렇게 간단한 거였어? 너무 쉽잖아. 다른 방법도 해보고 싶은데? 조금 힘들어도 괜찮으니 목표를 좀 더 빨리 실현하는 방법은 없을까?"

성실한 당신을 위해 목표 실현을 좀 더 앞당기는 고성능 충전기를 알려주겠다.

먼저 목표가 적절한 형식으로 적혀 있는지 확인한다.

그리고 이 목표들을 매일 10개씩 종이에 적는다.

이제부터 좀 더 구체적으로 설명하겠다.

목표를 설정하는 방법: SMART 원칙

종이에 적은 목표들은 기한에 관한 어떤 제한도 없다. 그러다 보니 경우에 따라 목표 달성까지 5년에서 10년이 걸리기도 할 것이다. 솔직히 말해서 목표 달성 현황을 매일 확인할 수는 없다. 그러면 며칠이 지나도 목표가 실현될 것 같은 실감이 나지 않기 때문에 자기혐오에 빠지기 쉽다.

목표를 날마다 설정할 때는 보다 평범한 목표들을 찾을 필요가 있다. 거창하거나 장기적인 목표만 세울 것이 아니라 몇 개월 혹은 1년 이내에 달성할 수 있는 단기 목표를 세우는 것이다. 장기 목표와 단기 목표를 균형 있게 조절해 설정하면 좌절하지 않고 목표 달성을 향해 나아갈 수 있다.

이때 중요한 것은 단기 목표를 설정하는 방법이다. SMART 원칙은 단기 목표를 순조롭게 달성하는 데 뛰어난 지표로 활용할 수 있다. SMART는 다음 단어들의 머리글자를 나타낸다.

- S (Specific) 　　　　구체적이다.
- M (Measurable) 　　예측 가능하다.
- A (Agreed upon) 　동의하다.
- R (Realistic) 　　　현실적이다.
- T (Timely) 　　　　기일이 명확하다.

예를 들어 당신이 풍요로워지고 싶다고 하자. 그러나 풍요로워진다는 목표는 추상적이다. 풍요로워진다는 목표를 SMART 원칙을 이용해 다시 써보면 다음과 같다.

- S (Specific) 　　　구체적이다. 　　(연 수입을 늘린다.)
- M (Measurable) 　예측 가능하다. 　(1억 원)
- A (Agreed upon) 동의하다. 　　　　(확실히 이 정도의 연 수입은 필요하다.)
- R (Realistic) 　　현실적이다. 　　(이 정도는 달성 가능한 수치다.)
- T (Timely) 　　　기일이 명확하다. (내년 4월 30일까지)

다시 한 번 정리해보자.

(변경 전) 풍요로워진다.
→ (변경 후) 내년 4월 30일까지 연 수입 1억 원을 달성한다.

이 원칙에 입각해 세우지 않은 목표는 도중에 좌절되기 쉽다. 예를 들면 당신의 연 수입이 5000만 원이라고 하자. 그런데 별안간 연 수입 10억 원이라는 목표를 세운다. 장기 목표(소망)라면 상관없다. 다만 1년에 5000만 원을 버는 사람이 1년 내에 연 수입 10억 원을 달성하겠다는 것은 말이 안 되는 소리다. 비슷한 예로, 운영하는 점포가 몇 개뿐인 회사의 사장이 '올해 목표는 점포 2523개!'라고 숫자로 발표해버리면 그 목표를 달성하지 못할 경우 회사 전체가 실망하고 좌절하게 된다.

이처럼 비현실적인 숫자를 목표로 선언하면 아무리 노력해도 목표를 달성할 수 없기 때문에 목표를 향해 나아가는 과정에서 어떤 재미와 즐거움도 느끼지 못한다. 그러면 역효과만 날 뿐이다.

목표 달성을 잘 해내는 사람은 일단 목표가 달성되면 종이에 적은 목표 옆에 도장을 찍고 '완료'를 선언하거나 자축하는 습관이 있다. 내 친구이자 감성 마케팅 개발자인 고사카 유지 선생은 일이 마무리되면 좋아하는 술을 개봉해 자신에게 '조촐한 포상'을 한다. 그러면 '술 = 즐겁다'가 아니라 '목표를 향한 전진 = 즐겁다'로 뇌가 착각하게 되어 시상하부에서 갑상선 호르몬이라는 자극 호르몬을 분비한다.

결국 '술 = 즐겁다' → '목표를 향한 전진 = 즐겁다' → '자극 호르몬 분비' → '목표를 향한 전진 = 더욱 즐겁다'라는 선순환으로 이어지게 된다. 한마디로 뇌를 '파블로프의 개'*의 상태가 되도록 길들이는 것이다.

---

* 음식을 받아먹을 때마다 반복적으로 종소리를 들은 개는 종소리만 들어도 이에 반응해 침이 분비되는데, 이같이 자극에 반응하도록 훈련된 상태를 말한다. ─ 옮긴이

매일 밤 목표를
10개씩 적는다

자, SMART 원칙에 따른 목표 설정 방법을 이해했다면 이제부터는 그 목표들을 매일 밤 수첩에 10개씩 적는다. 이 작업을 통해 우리는 목표를 보다 확실하게 달성하고 기간도 단축할 수 있다. 유명 컨설턴트인 브라이언 트레이시Brian Tracy로부터 힌트를 얻은 방법이다. 이 또한 아주 간단하면서도 실제로 해보면 상당한 효과가 있어서 나도 최근 3년 동안 이 방법을 사용했다.

달성하고 싶은 목표를 매일 그냥 생각나는 대로 적는다. 목표가 날마다 달려져도 상관없다. 목표가 10개 이상 되는 사람은 더 써도 되지만, 시간을 너무 빼앗기면 안 되니 10개가 적당할 것이다. 10개를 다 적은 후엔 가장 중요한 목표 하나에 동그라미 표시를 한다.

중요한 목표란 그 목표가 실현되면 나머지 다른 목표들도 모두 실현되는 목표를 말한다. 만약 '연 수입 1억 원 달성'이라는 목표를 세웠다고 하자. 그 외에 '새 차를 구입한다', '연간 매출 1위를 달성한다'라는 목표도 있다고 하자. 이 경우 가장 중요한 목표는 무엇일까? 그렇다. '연간 매출 1위를 달성한다'이다. 연간 매출 1위를 달성하면 연 수입 1억 원이 가능해지고, 새 차를 구입한다는 목표도 동시에 달성할 수 있기 때문이다. 이처럼 목표의 우선순위를 정하면 자신의 에너지를 가장 중요한 목표에 집중할 수 있게 된다.

자신의 에너지를 집중적으로 써야 할 단 하나의 목표에 한 걸음이라도 더 가까이 다가가려면 오늘 무엇을 해야 할까? 아무리 사소한 행동이라도 상관없다. 무엇이든 할 수 있는 일을 적는다. 정말 중요한 이야기이니 한 번 더 강조하겠다.

아무리 사소한 행동이라도 상관없다.
무엇이든 내가 할 수 있는 일을 적어본다.

나를 포함한 대부분의 사람들이 그렇듯이 처음 한 걸음을 내딛는 데 시간이 제법 걸린다. 하지만 처음 한 걸음을 내딛고 나면 이후 새로운 일이 전개되기 때문에 다음에 이어질 두 번째 걸음은 한결 쉬워진다. 처음 한 걸음은 미미하지만 두 번째 걸음은 한결 편하다. 처음 한 걸음을 내딛는 빈도수를 높일 수 있다면 일은 점점 더 빠르게 진행된다. 그러면 몇 개월 후에는 놀라운 결실을 맺을 수 있게 된다.

처음 얼마 동안은 매일 밤 목표 10개를 적는 데 10~15분 정도의 시간이 걸릴지 모른다. 하지만 10일 후에는 4~5분이면 충분하다. 또한 처음에는 목표가 자꾸 바뀌지만, 하다 보면 자기가 정말 달성하고 싶은 목표들만 반복해서 적을 수 있게 된다.

'한 걸음이라도 가까이 다가가는 행동'이 생각나지 않는다면, 그냥 있어도 괜찮다. '답은 잠자는 동안 나온다'라는 암시를 걸고 잠들면 된다. 그리고 다음 날 아침에 노트를 펼친 뒤 다시 한 번 스스로에게 질문해본다. 오늘 내가 해야 할 사소한 행동이 무엇인지 떠오르는 날이 차차 늘어감을 실감할 것이다.

CHAPTER 3

제3습관

내가 바라는
직함을 만든다

부자와
보통 사람의 대화

2

♛ 　자, 지금까지 배운 내용을 복습해보세. 그동안의 성공 법
　　칙을 통해 긍정적인 사고는 가능했지만 원하는 결과를
　　얻지는 못했던 이유를 이제 알겠나?

— 　네, 설정한 목표에 '하고 싶은 일'과 '하기 싫은 일'이 둘 다
　　포함되어 있었기 때문이에요. '하고 싶은 일'을 하고 있는
　　줄로만 알았는데, 그 안에 '하기 싫은 일'도 같이 들어 있
　　었던 거죠. 그래서 도중에 그 목표를 실현하는 것 자체에
　　회의를 느끼고 좌절해버린 것이고요.

♛ 　바로 그거야. 그래서 '하고 싶은 일'을 생각하기 전에 '하
　　기 싫은 일'을 정확히 골라낼 필요가 있는 거라네.

— 　저도 이 과정을 실천해보았는데, 지금까지 미처 알지 못

했던 제 자신에 대해 다시 알게 된 기분이었어요. 이제는 '내가 하고 싶은 일'을 확실히 알게 되었습니다.

♛ 그렇다네. 출발하기에 앞서 멀리 돌아가지 않는 길을 알게 된 거지. '하고 싶은 일'을 정확히 찾아낸 다음에는 무엇을 하라고 했지?

— 목표를 잠재의식에 프로그래밍하는 것이죠. 그러기 위해서는 제일 먼저 목표를 종이에 적어야 하고요. 그리고 클리어 파일에 정리해서 아침에 일어났을 때, 그리고 잠자기 전에 기분 좋게 웃으면서 읽어보는 거죠. 가능하면 가방에 넣어 다니고요. 그리고 목표를 좀 더 빨리 실현하고 싶다면, 매일 밤 잠자기 전에 목표를 10개씩 적으면 좋다고 했습니다.

♛ 그거네. 거기까지 하면 뇌 구조상 결과를 내지 못하는 게 오히려 이상할 정도지. 나도 제일 처음에 한 거라곤 솔직히 그것밖에 없었다네.

— 많은 성공 법칙을 알고 있었지만 저는 지금까지 한 가지의 성공 법칙도 꾸준히 하지 못했습니다. 제대로, 전부 실천하지 않으면 원하는 결과를 얻을 수 없다고 생각해서 중간에 그만둔 경우가 많았습니다.

♛ 성공 법칙 자체가 복잡해서 그렇다네. 사람들은 일단 그

것을 제대로 실천하는 데만 집착하는 경우가 많지. 그런데 실제로 성공한 사람들에게 물어보면 그런 복잡한 법칙을 실천한 사람은 아무도 없었다네. 엄청나게 성공한 사장들도 사장실에 세계지도를 펼쳐놓고 지점을 확장할 때마다 깃발을 세우고 기분이 좋아서 웃기만 했다는 거야. 하지만 중요한 것은 최소한 꼭 실행해야 하는 일이 무엇인지는 제대로 파악하고 있었다네.

— 그렇다면 최소한의 필수적인 일부터 시작하면 되겠군요. 하지만 정말 이것만 해도 괜찮을까요? 이렇게 단순하게만요?

♛ 그렇다네. 그런데 실은 한 가지 더 있다네. 나도 처음에는 하지 않았던 일이지만 대단한 것을 발견했거든.

— 어떤 건데요?

♛ 한순간에 나 자신이 바뀌더군. 아주 강력한 방법이라네.

— 또 허풍이시군요.

♛ 그런 생각이 들겠지. 허풍인지 아닌지는 이제부터 내가 설명하는 방법을 한번 해보고 나서 판단하게나.

왜 기존의 성공 법칙은
통하지 않는 것일까

그러면 이제 내가 한순간에 바뀐 방법을 가르쳐주겠다.

제1습관에서 마음의 진자 상태를 제거하고 목표를 명확히 했다. 제2습관에서는 자기 최면 테크닉을 활용해 그 목표를 잠재의식에 프로그래밍했다.

사실 기술적인 측면에서 봤을 때 여기까지는 다른 훌륭한 성공 법칙에 관한 책에서도 이미 다루었던 주제다. 그런데 잘 생각해보면 아무리 훌륭한 성공 법칙을 배워도 잘 풀리지 않는 사람도 있고, 단기간에 좀처럼 성과를 내지 못하는 사람도 많다. 도대체 무슨 이유 때문일까?

성공 법칙을 이용해 뇌에 새로운 프로그램을 깔았지만, 아무리 훌륭한 프로그램도 컴퓨터 CPU(중앙연산장치)가 낡으면 작동시킬 수 없기 때문이다. 10년 전에 생산된 컴퓨터로는 최신 소프트웨어 프로그램을 사용할 수 없다. 새 프로그램을 사용하기 위해서는 CPU 자체의 성능을 개선해야 한다.

그렇다면 당신의 CPU는 무엇인가? 바로 '셀프 이미지self image'다. '내가 생각하는 나' 말이다. '셀프 이미지'가 과거 그대로라면 아무리 훌륭한 목표를 세워도 실현할 수가 없다. 간단히 말하겠다.

자기 스스로 평범한 사람이라는 이미지를 가지고 있는 한 당신은 성공할 수 없다.

아무리 훌륭한 성공 법칙을 배워도 자기 자신을 평범하다고 생각하면 성공할 조짐이 보여도 알아차리지 못한다. 결실을 얻기 시작해도 단순한 우연으로 생각하고 만다. 다른 사람들이 대단하다고 평가해도 "뭘요, 아니에요" 하며 오히려 성공하기 시작한 자신을 부정한다. 성공을 향해 변화하기보다 이전 그대로의 자신을 유지하는 게 마음 편하기 때문이다.

그때까지 자신을 감싸고 있던 껍질, 다시 말해 셀프 이미지를 넘어서려는 순간 불안해지고, 결국 다시 한 번 이전의 자신으로 되돌아가려고 한다. 이런 모습으로는 스이젠지 키요코(일본의 배우 겸 가수)가 불렀던 노래 가사와 다를 게 없다.

"하루에 한 걸음, 사흘이면 세 걸음. 세 걸음 걸어가서 두 걸음 물러난다."

아니, 두 걸음 물러난 것이 아니다. 실제로는 세 걸음 전진하고 다시 세 걸음 후퇴하는 꼴이다. 결국 한 걸음도 앞으로 나아가지 못한다는 이야기다.

한순간에 슈퍼맨이 되는
직함의 위력

'내가 원하는 나'가 되려면 제일 먼저 셀프 이미지를 개선해야 한다. 이를 위한 간단하지만 바로 효과가 나타나는 방법이 있다. 먼저 나 자신이 개선되었던 경험부터 이야기하겠다. 그런 다음 당신에게도 응용 방법을 가르쳐주겠다.

나는 5년 전에 경영 컨설턴트로 창업을 했다. 그런데 초창기에는 고객에게 '가르친다'는 것 자체가 너무 싫었다. 정신적으로 엄청난 압박감을 느끼고 있었기 때문이다. 당시 나의 주력 상품은 '돈 들이지 않고도 고객을 모으는 방법을 가르쳐줍니다'였다. 나의 컨설팅 방식은 조사, 분석을 해주고 비용을 받는 것이 아니라 질문을 받으면 그 자리에서 상담을 해주고 상담료를 받는 식이었다.

구체적으로 말하면, 광고 전단지나 DM 등으로 광고 방법을 바꿔서 고객 쪽에서 전화 상담을 요청하는 비율을 높이는 것이었다. 그리고 전화 응대 방법을 개선해서 계약률을 높여주었다. 매우 간단하게 할 수 있는 방법을 제시한 것이다. 그리고 그대로 하기만 하면 결과가 바로 나왔다. 그래서 컨설팅을 하는 나도 항상 진검승부를 한다는 자세로 임했다.

게다가 내가 쓴 책의 제목이 《저예산으로 우량 고객을 확보하는 방법》, 《90일 만에 당신의 회사를 고수익 기업으로 바꿔라》 등이다 보니 초기에는 자금 조달이 힘든 회사나 망할 위기에 처한 회사들만 찾아왔다. 그러다가 위장병이 생겼다. 그럴 만도 했던 것이 고객들이 '살려주세요', '이런 상태라면 60일 후에는 자금이 바닥날 것 같습니다' 등의 절박한 심정으로 상담하러 왔기 때문이다. 그리고 나보다 몇십 년이나 비즈니스 경험이 많은 고객들에게 "선생님, 선생님!" 소리를 들었다. 솔직히 당시 내 심정은 이랬다.

'나는 선생이 아니에요. 고객을 확보하는 방법은 가르쳐줄 수 있지만, 망하기 직전에 와서 나에게 살려달라고 하면 곤란하다고요.'

나는 정신적으로도 너무 지쳐 있었다. 세미나 중간에 휴식 시간이 되면 곧장 대기실로 도망갔다. 점심식사 시간에도 가능한 한 질문을 받지 않으려고 강사실에 숨어 있기도 했다. 괴로웠다. 이런 나 자신을 납득할 수가 없었다. 이래서는 안 되겠다 싶어서 나에게 도움이 되는 최면을 걸어보기로 했다.

자, 어떻게 최면을 걸 것인가?

나는 내 마음속에서 직함을 바꿨다. 이전까지 내 직함은 '실천 마케터'였다. 이 직함이 그대로 나의 셀프 이미지가 되었다. 실천 마케터로서 고객에게 '실천하면 성공할 수 있는 방법'을 제시했다. 그러나 상세하고 친절하게 가르치고 이끌어주는 것은 내 일이 아니라는 이미지가 내 안에 깔려 있었다. '가르치는 것은 내 일이 아니다'라는 셀프 이미지를 가진 내가 세미나에서 가르치는 일을 하고 있었으니 정신적으로나 육체적으로 지치는 것은 당연했다.

'내가 원하는 나'가 되기 위한 적절한 직함을 생각해보았다. 나는 세미나에서 가르치고 있을 때 쉽게 지친다는 것이 문제였다. 그래서 이 결함을 극복하기 위해 내 일을 편안하고 아무 문제 없이 수행할 수 있는 셀프 이미지로 바꾸면 되겠다고 생각했다. 그래서 만든 직함이 바로 '슈퍼 에너자이징 티처super energizing teacher'였다.

에너자이징이란 사람들에게 에너지를 준다는 의미다. 슈퍼

열혈 교사라고나 할까? 일반적으로 생각하는 '교사'가 아니었다. 나 스스로 남들에게 활기를 불어넣는 탁월한 교사라는 이미지를 만든 것이다. 그리고 세미나 전에 항상 "나는 슈퍼 에너자이징 티처다"라고 마치 주문을 걸 듯 스스로에게 계속 말했다. 그러자 정말 그렇게 되었다.

셀프 이미지를 바꾼 이후 나는 세미나 도중에 화장실에 가는 일이 없어졌다. 거짓말이 아니다. 아침 9시부터 저녁 6시까지 아무리 물을 많이 마셔도 화장실에 갈 필요가 없었다. 여배우는 촬영할 때 땀을 흘리지 않는다는 말이 있다. 그럴 리 없다고 의심했는데, 셀프 이미지가 바뀌니 실제로 얼마든지 있을 수 있는 일이었다.

예전에는 질문이 무서웠다. 그런데 이제는 대환영이다. 무엇이든지 다 물어보라는 자세로 임했다. 세미나에서 '내 시간은 여러분들의 것이므로 내가 할 수 있는 일에 전력을 다하겠습니다'라고 선언했다.

나의 세미나에 참석해본 사람이라면 알겠지만 나는 쉬는 시간에도 계속해서 질문을 받는다. 점심시간에도 질문을 받느라 밥 먹을 시간조차 없다. 세미나가 끝난 후에도 받을 수 있는 데까지 질문을 받은 후에 저녁 회식 모임에 참석한다. 그리고 거기서도 3시간은 떠든다. 누군가는 그래도 괜찮겠냐고 걱정할 것이다. 말해두지만 나도 평범한 인간이다. 오히려 체력이 좋은 편도 아니다. 그런데 셀프 이미지를 바꿨더니 자꾸 힘이 솟았다. 전혀 피로하지 않다고 하면 거짓말일 것이다. 하지만 피곤한 정도가 다르다. 말하자면 '상쾌한 피로'다.

이런 경험을 토대로 나는 또 다른 성취를 위해 직함을 되도록 많이 만들었다. 그 덕분에 나의 결점을 힘들이지 않고 극복할 수 있었다. 그리고 단번에 내가 원하는 내가 될 수 있었다. 그렇게 내 멋대로면서도 나에게 잘 맞는 직함을 여러 개 만들었다. 예를 들면 'super prolific writer'라는 직함이 있는데, 문장을 마구 써대는 '슈퍼 다작가'라는 이미지다. 'super loving father'는 '사랑을 주는 아버지'라는 의미로, 가정적인 셀프 이미지를 갖는 직함이다.

직함을 만들 때 핵심 포인트는 '슈퍼 ○○○'라는 식으로, 자신의 결점에 휘둘리지 않는 인물상을 표현하는 것이다. 다시 말해 슈퍼맨의 강한 면모를 빌려 와서 만들라는 의미다. 참고로 '울트라ultra ○○○'도 좋고, 더 근사하게 만들고 싶다면 '○○○ 전문가expert', '○○○ 마스터master'도 괜찮다.

굳이 영어가 아니어도 상관없다. 정확한 영어가 아니어도 괜찮다. 이 직함은 대외적으로 드러낼 필요도, 남에게 보일 필요도 없기 때문이다. 오직 자신만을 위해서 만든 직함이다.

직함을 만든 뒤에 새로 만든 직함을 종이에 적어두고 매일 아침저녁으로 바라보면 된다. 할 일은 그것뿐이다. 더 철저하게 하고 싶다면 처음 얼마 동안은 걸어 다닐 때 '나는 슈퍼 ○○다'라고 중얼거리는 것도 좋다. 다른 방법은 필요 없다. 이것만으로도 당신은 변신할 수 있다.

연 수입을 10배로 늘리기 위한
셀프 이미지

셀프 이미지는 당신이 생각하는 이상으로 영향력이 대단하다. 같은 조언을 해주어도 단기간에 결실을 맺는 경영자와 아무리 해도 결실을 맺지 못하는 경영자가 있다고 하자. 왜 그런 차이가 생기는지 근본 원인을 찾아보면 셀프 이미지 차이 때문이라는 것을 알게 된다.

셀프 이미지를 바꾸지 않은 상태에서는 '내가 과연 할 수 있을까?' 하는 불안감이 앞서서 새로운 어떤 일도 시작할 수 없다. 새로운 일을 시작했다 해도 별다른 노력도 하지 않다가 성과가 나지 않는다고 포기해버린다. 혹은 성과가 있어도 '어쩌다 그런 거겠지'라며 지금까지 판매 실적을 올리지 못했던 과

거의 자신으로 되돌아가고 만다. 그래서 마케팅에 관한 조언을 들어도 셀프 이미지부터 개선하지 않으면 매우 힘들다. 반대로 셀프 이미지를 개선할 수 있다면 회사를 비약적으로 성장시키는 계기를 마련할 기회가 많아진다.

예를 들어 채소 가게 운영자에게 상담 의뢰를 받았다고 하자. 그가 '나는 채소 장수다'라는 셀프 이미지만 갖고 있었다면 이야기는 다음과 같이 전개된다.

"무슨 고민이 있나요?"

"몇 년 전 저희 가게 근처에 슈퍼마켓이 생긴 후로는 매출이 계속 떨어지고 있어요."

"대책은 세우셨나요?"

"가격을 내려서 대항해보았지만 상대가 워낙 대기업이다 보니 한계가 있었어요."

"그래도 좋은 채소를 들여오셨지요?"

"그럼요. 품질에는 자신 있습니다. 하지만 고객들은 잘 모르니까요."

"정말 고객들이 알아주지 않던가요?"

"네, 최근에는 고객들이 특별 세일 상품만 사러 오더군요."

"광고 전단지 좀 보여주실래요?"

"이게 최근에 돌린 것입니다만….."

전단지를 보니 헤드라인에 '싸게, 더욱 싸게!'라는 문구가 들쭉날쭉 쓰여 있었다.

혹시 눈치챘는지 모르겠지만, 밑줄 그은 곳은 전부 셀프 이미지에 문제가 있는 부분이다. 고객은 자신의 거울인 만큼 셀프 이미지를 정확하게 반영하는 고객이 찾아오게 된다. 이처럼 지극히 상식적인 셀프 이미지를 가지고 있는 경우 수입에도 큰 영향을 미친다. 일반적으로 연 수입 5억 원을 버는 채소 장수는 나오기 어렵다. '나는 채소를 파는 사람이다'라고 생각하는 한 수입이 늘어나기는 매우 어렵다.

그렇다면 연 수입 5억 원을 벌어들이는 채소 장수가 되기 위해서는 어떻게 하면 좋을까? 셀프 이미지를 개선하는 것이 수입을 늘리기 위한 대전제다. 나는 다음과 같은 셀프 이미지는 어떠냐고 제안한 적이 있다.

'계절 식품 제공을 통해 가족의 유대와 건강을 촉진하는 슈퍼 프로모터promoter & 마케터'

내가 하는 일이 단순히 채소를 파는 것이 아니라 가족 간의 유대와 건강을 촉진하는 일이라는 것이다. 이렇게 셀프 이미지를 바꾸면 가족 간의 유대를 촉진시키는 일이 나의 직업이 되므로 식품 이외에도 취급할 수 있는 상품 범위가 넓어진다. 또한 건강을 촉진시키는 일이니 고급 식자재를 구비하게 되고, 가격에 영향을 받지 않는 부유층 고객들이 찾아오게 만든다. 이런 개념으로 부유층 고객을 확보하는 것이다.

슈퍼 프로모터인 만큼 내 가게에서만이 아니라 대형 슈퍼마켓들의 진출 때문에 괴로워하는 전국의 채소 상인들에게도 똑같은 비즈니스 모델을 제안할 수 있다. 그러면 프랜차이즈와 같은 전국망을 구축하기까지 불과 몇 개월밖에 걸리지 않는다. 전화번호부에 나와 있는 채소 가게나 동네 슈퍼에 DM을 보내면 된다. 이렇게 하면 연 수입 5억 원은 거뜬히 달성할 수 있다. '가족의 유대와 건강을 촉진하는 슈퍼 프로모터 & 마케터'이기 때문에 연 수입 5억 원은 간단하다는 말이다.

당신도 연 수입을 늘리고 싶다면 '슈퍼 세일즈맨', '세일즈 전문가', '슈퍼 프로모터' 등과 같은 셀프 이미지를 갖는 것이 좋다. 그 이유는 제5습관에서도 설명하겠지만 세일즈 없이 연 수입을 늘리는 것은 불가능하기 때문이다.

직함뿐만 아니라 옷차림을 바꾸는 방법도 있다. 한 예로 연 매출액이 300억 원 넘는 차茶 회사의 사장이 있다. 지난 2년 동안 직원 수는 변함이 없고 매출은 6배 규모로 늘었다. 그 사장에게 회사가 크게 성장하게 된 계기를 묻자, 그는 복장을 바꾸게 된 사연을 이야기해주었다.

그 회사는 차를 팔기 때문에 그해에 나온 새 차가 출하되는 시기가 되면 너무 바빠서 전 직원이 포장 작업 등에 동원되었다. 사장 역시 그때가 되면 함께 돕는 게 당연하다는 분위기가 조성되어 있었다. 직원들은 사장도 일을 할 테니 그가 작업할 분량을 남겨두었고, 사장은 자신의 본래 업무를 전혀 할 수 없게 되었다.

사장은 그 상황을 개선하고 싶었다. 그래서 궁리 끝에 정장에 가죽구두를 갖춰 신고 출근했다. 그러자 직원들은 더는 사장에게 작업을 부탁하기 어렵다는 것을 인식하게 되었고, 그때부터 사장은 작업을 하지 않게 되었다. 복장을 바꿨더니 직원들도 사장 자신도 의식이 바뀐 것이다.

우리 회사의 클라이언트들 사이에서는 복장이나 안경을 바꾸거나 머리카락을 염색하는 것이 유행하고 있다. 이전까지의 자신과 결별한 후 새로운 직함을 만들고 외모를 바꿔서 자신을 새롭게 연출하는 것이다. 정말로 이렇게 간단한 방법으로 바뀔 수 있을지 의문스러울 것이다. 이처럼 많은 사람들이 '과연 될까?' 하고 의심스러워하기 때문에 아무것도 하지 않는다. 그 결과 실천한 사람만 자꾸자꾸 성공하게 되는 것이다.

다음 장으로 넘어가기 전에 당신도 하고 싶은 일을 간단히 해낼 수 있는 슈퍼 셀프 이미지를 만들어보기 바란다. 종이에 적는 것이 첫걸음이다. 귀찮아하지 말고 반드시 종이에 적어보자.

나만의 직함 만들기

제1습관과 제2습관에서 명확히 한 당신의 목표를 문제 없이 편안히 실행할 수 있는 나만의 직함(셀프 이미지)을 만들어보자. 일뿐 아니라 취미, 가족과 관련된 직함도 다양하게 생각해보자.

직함에 어울리는 외모 찾아보기

좀 더 철저하게 개선하고 싶다면, 1단계에서 만든 직함에는 어떤 복장이나 헤어스타일, 소지품이 어울리는지 생각해보자. 무엇이든 한 가지라도 좋다. 자신의 외모를 바꿀 수 있는 것은 무엇이든 시도해보자.

CHAPTER 4

제4습관

목표 달성에 필요한
정보를 수집한다

센스 있는 사람들의
공통점

제1습관에서 확고한 목표를 세웠다.

제2습관에서는 그 목표를 잠재의식에 프로그래밍했다.

제3습관에서는 그 프로그램이 작동되도록 자신의 셀프 이미지를 개선했다.

이상의 3가지 습관으로 당신은 목표 달성에 필요한 정보를 순식간에 수집할 수 있는 고성능 안테나를 갖게 되었다. 그러나 아무리 성능이 뛰어난 안테나라 해도 정보가 눈앞을 지나가지 않으면 그저 잡동사니에 불과할 뿐이다. 그래서 제4습관에서는 당신이 잡동사니에 불과한 사람이 되지 않도록 보다 효율적으로 공부하고 대량의 정보를 처리할 수 있는 방법에 대해 설명하겠다.

　큰 성공을 이룬 경영자들의 이야기를 들어보면 "경영은 센스이며, 이는 후천적으로 얻어지는 것이 아니다"라고 말한다. 솔직히 말해서 보통 사람은 노력해봐야 헛수고라는 얘기다. 그런데 그런 경영자들에게 "당신은 타고난 센스를 어떻게 키울 수 있었습니까?"라고 물어보면 하나의 공통점을 발견하게 된다. 바로 '책을 많이 읽는다'라는 것이다.

　감성 마케팅 개발자인 고사카 유지 선생은 "센스는 정보량에 비례한다는 사실을 최근의 감성공학 연구로 알게 되었다"라고 말한다. 바꿔 말하면 많은 양의 정보를 흠뻑 뒤집어쓰듯이 흡수하는 습관을 들이면 보통 사람이라도 센스를 기를 수 있다는 말이다.

　나 역시 그 말에 공감하는 부분이 있다. 나는 원래 공무원이었기 때문에 예전에는 경영자다운 센스가 전혀 없었다. 그런데 언제부터인가 끊임없이 아이디어가 떠오르고 행동력도 강해졌다. 돌이켜 생각해보니 입력하는 정보량을 늘렸을 때, 즉 공부하는 양이 늘어났을 때부터 이런 현상이 나타났다.

　그러면 어떻게 하면 발상력과 행동력에 직결되는 정보 수집이 가능할까?

　내 경험에 의하면 3가지 방법이 있다. 첫 번째는 경영자들과 마찬가지로 '책과의 만남'이고, 두 번째는 '사람과의 만남'이다. 지난 일들을 돌이켜 생각해보자. '나 자신이 한 단계 성장했다'라고 느껴졌을 때는 훌륭한 책이나 존경하는 스승을 만났을 때였다. 그때는 컴퓨터를 클릭한 것처럼 새로운 현실이 눈앞에 펼쳐진다.

세 번째 방법은 별로 알려지지 않았지만, 매우 효과적인 정보 수집 방법이다. 바로 '오디오와의 만남'*이다. 이에 대해서는 이어서 바로 설명하겠다.

---

*　일본 원서에는 원래 카세트테이프라고 되어 있으나 이번 출간되는 한국어판 책에는 오디오로 통일한다. ─ 옮긴이

오디오가
기적을 일으킨다

"당신이 창업한 후 성공할 수 있었던 가장 큰 비결을 실토해라. 안 그러면 네 목숨은 없다." 내가 이런 협박을 받는다면 어떤 대답을 할 것 같은가? 나는 주저하지 않고 "네, 오디오를 듣는 습관입니다"라고 말할 것이다.

물론 취미로 오디오를 듣는다는 얘기가 아니다. 성공한 경영자나 훌륭한 컨설턴트의 오디오, 이른바 비즈니스 관련 오디오를 듣는 습관을 말한다. 나만 갖고 있는 습관은 아니다. 단기간에 성공한 기업가들을 관찰한 결과, 이동 시간 중에 그들은 하나같이 오디오를 듣는다는 사실을 알게 되었다.

앞으로 독립할 창업가들에게 오디오는 다른 매체에서 얻을 수 없는 풍부한 지식을 제공한다. 훌륭한 경영자가 수십 년 동안 쌓아온 경험으로 얻은 지혜를 불과 1~2시간이면 배울 수 있다. 성공 사례뿐 아니라 실패한 경험에서도 배울 것은 많다. 회사 고문으로 계약하려면 아주 비싼 비용을 지불해야 하는 경영 컨설턴트가 자신만의 방법론을 오디오에 아낌없이 공개하고 있다. 더구나 육성으로 들을 수 있기 때문에 책으로는 다 전달하지 못하는 미묘한 뉘앙스도 파악할 수 있다. 이런 여러 가지 장점을 생각하면 오디오 듣는 습관이 없는 사람은 심각한 핸디캡을 가진 것이나 마찬가지다.

오디오를 들으면서 얻는 효과는 단순히 지식이 느는 것만이 아니다. 지식과 더불어 시간을 벌고, 발상력에 행동력까지 늘어나는 엄청난 효과가 있다.

시간을 번다는 말은 무슨 뜻일까?

오디오 듣는 습관을 들이면 1년의 12개월이 14개월로 늘어난다. 이를테면 오디오를 듣기 위해 이어폰을 귀에 꽂고 출퇴근하는 시간이 매일 2시간이라고 가정하자. 일주일이면 10시간을 공부하는 것이다. 한 달이면 40시간, 1년으로 계산하면 무려 480시간이 된다.

480시간은 하루에 8시간씩 60일, 즉 2개월 동안 꼬박 공부한다는 뜻이다. 지하철이나 버스가 움직이는 공부방이 되는 셈이다. 오디오를 듣는 습관을 들이면 출퇴근 시간이 힘들지 않고, 오히려 지극히 생산적인 시간이 된다.

뿐만 아니다. 오디오를 들으면 발상력이 커지면서 아이디어가 계속 샘솟는다. 운전하면서 오디오를 듣는데 자꾸 아이디어가 떠올라서 수첩을 다리에 묶어두고 떠오르는 생각을 메모한다는 사람도 있다.

왜 오디오를 듣다 보면 아이디어가 떠오르는 것일까? 오디오를 들음으로써 마음속에서 돌아가고 있던 '부정적인 사고를 불러일으키는 오디오'를 지워버릴 수 있기 때문이다. 부정적인 사고를 불러일으키는 오디오란 멍하니 있을 때 마음속에서 반복되는 혼잣말을 뜻한다.

인간은 멍하니 있으면 자신도 모르는 사이에 부정적인 생각을 하게 되는 동물이다. 그래서 무엇이든 공부하지 않으면 대부분은 '피곤하다', '곤란하다', '걱정이다' 같은 부정적인 생각들만 마음속에 떠올린다. 평소 부정적인 사고의 원인이 되는 오디오가 우리 안에서 제멋대로 돌아가는 것이다. 이렇게 되면 현실에서도 부정적인 일들만 눈에 띄게 된다.

그런데 비즈니스 오디오는 성공한 사람의 긍정적인 이야기를 수록한 것이다. 멍하니 있다가도 성공한 사람의 이야기가 담긴 테이프를 듣다 보면, 현재 의식이 긍정적인 사고를 하게 되어 자신의 부정적인 사고, 즉 부정적인 목소리가 들리지 않게 된다. 요컨대 부정적인 사고를 긍정적인 사고로 교정하는 효과가 있는 것이다. 그 결과 발전적인 아이디어가 나오기가 더 쉬워진다.

더 나아가 오디오를 듣는 습관은 행동력 상승으로 이어진다. 지식에는 '단지 알고 있는' 단계와 '행동으로 이어지는' 단계가 있다. 예를 들어 테니스를 잘 치고 싶다는 생각을 했다고 가정해보자. 한 번 배워서는 제대로 몸을 움직일 수가 없다. 적절한 몸동작을 무의식적으로 할 수 있기까지는 계속 반복해서 연습할 필요가 있다.

경영도 마찬가지다. 책 한 번 읽고, 이야기 한 번 듣는 것만으로는 행동할 수 있는 지식이 되지 못한다. 몇 번이고 반복해서 읽거나 듣는 과정이 필요하다. 그제야 그 지식은 피가 되고 살이 되어 필요할 때 무의식적으로 적절한 행동을 할 수 있게 된다.

내 경우엔 책은 한 번 읽은 것만으로 만족했다. 그러나 오디오는 틈날 때마다 반복해서 듣는 일이 많았고, 나도 모르는 사이에 힘이 있는 지식으로 쌓이게 되었다. 집중해서 제대로 듣지 못했다고 걱정할 필요는 없다. 오히려 멍하게 있을 때일수록 뇌파가 알파파* 상태가 되기 때문에 잠재의식 속으로 지식이 곧바로 들어가게 된다. 잠재의식에 지식이 들어가면 그것은 행동을 변화시킨다.

나는 외국에서 자녀교육에 관한 오디오를 주문해서 들은 적이 있다. 한 번 들었을 때는 내용을 이해하지 못했지만, 끝까지 다 들은 후에는 아이들과 함께하는 시간이 분명히 늘어나는 경험을 했다. 현재 의식으로는 이해하지 못했다고 생각되더라도 잠재의식 프로그램이 바뀌었기 때문에 행동 수준에 변화가 생긴 것이다.

또한 오디오를 들으면 새로운 힌트와 깨달음을 얻을 수 있다. 왜냐하면 뇌는 가장 익숙한 정보부터 인식하기 때문이다. 처음 들었을 때는 원래 가지고 있던 지식, 즉 기존 지식과 가장 관련이 있는 정보밖에 듣지 못한다. 그러나 두 번째 들으면 처음 들었을 때 새로웠던 정보가 '기존의 지식'이 되어 이번에는 또 다른 새로운 정보를 인식할 수 있게 된다. 이처럼 오디오는 시간을 효율적이고 적절하게 사용하고 발상력과 행동력을 높인다는 점에서 아주 효과적인 도구다.

그렇다면 오디오를 어디에서 구할 수 있을까? 미국은 자동

＊　주파수가 8-13헤르츠인 뇌파. 명상과 내부의 고요함, 평화로움과 연관이 있으며 정상적인 성인이 긴장을 풀고 쉬는 상태에서 볼 수 있다. ― 옮긴이

차 사회이다 보니 창업가나 회사 중역들이 자동차에서 오디오를 듣는 것이 당연한 습관처럼 되어 있다. 그래서 비즈니스 관련 오디오들이 많이 판매되고 있다. 그러나 일본에서는 아직 일반적이지 않다. 정말 뛰어나고 열심히 공부하는 사장들만 구입해서 듣는 실정이다. 실제로 몇몇 컨설팅 회사에서는 이런 종류의 오디오를 판매하고 있다. 후나이종합연구소, 일본경영합리화협회가 유명한데, FP스테이션의 아마노 선생, 그리고 란체스터 경영의 다케다 요우이치 선생도 적극적으로 오디오를 발행하고 있다.

나 또한 '최강 기업 실천 오디오 세미나'를 매월 발행하고 있다. 오디오 듣는 습관이 없었다면 지금의 나는 있을 수 없기 때문이다. 오디오 내용은 내가 꼭 한번 이야기를 들어보고 싶었던 성공한 인물을 돌격 인터뷰해서 편집과 검열 없이 있는 그대로를 전한다. 나 자신이 비즈니스에서 사용해보고 싶다든가, 힌트로 삼고 싶은 관점에서 인터뷰를 하기 때문에 내용에 상당한 깊이가 있다.

내가 오디오 듣는 습관의 중요성을 호소하면 "이미 한물가지 않았나요?"라든가, "출퇴근 시간이 짧아서 들을 시간이 없어요" 같은 변명을 하면서 전혀 실천하지 않는 사람들이 있다. 그런 사람들이 존재하기에 오디오를 듣는 사람은 웃음을 멈추지 못한다. 오디오를 듣지 않는 사람과 그만큼의 차이를 쉽게 벌릴 수 있기 때문이다.

오디오를 듣는 사람은 보물지도를 손에 쥐고 있는 것과 같다. 훌륭한 선배 경영자가 고맙게도 자신의 실패담을 알려주고 있으니 말이다. 만약 당신이 같은 실패를 했다면 적어도 수억 원은 간단하게 날렸을 것이다.

어리석은 사람은 자기가 할 수 있다고 착각한다. 그러나 현명한 사람은 선배들의 지혜로부터 배운다. 눈앞에 보물지도가 있는데 바로 줍지 않고 이것저것 따지고 있을 텐가. 나는 이것만큼은 단호하게 말하고 싶다.

"어쨌거나 이어폰을 귀에 꽂아라!"
외출할 때도 이어폰이 필수다.

단기간에 압도적인 성공을 거두고 그 성공을 지속하는 방법! 그런 마법 같은 방법이 있다면 그중 하나로 오디오를 듣는 습관은 절대 빼놓아선 안 된다.

궁극의 공부법
'포토 리딩'

책을 많이 읽는다. 앞에서 말한 대로 이는 성공한 사람들이 가진 공통점이다. 그런데 나는 얼마 전까지만 해도 오디오는 들어도 책은 별로 읽지 않았다.

변명이겠지만, 일이 너무 바쁘다 보니 평균적으로 한 달에 1~2권 정도밖에 읽지 못했다. 물론 공부하려는 마음은 늘 있기에 책은 많이 구입한다. 그러나 잠자리에 들기 전에 책을 펼치면 5분 후에는 꾸벅꾸벅 졸고 있다. 다음 날 다시 한 번 같은 책에 도전한다. 그러면 5분 후에는 또 졸고 있다. 책을 펴면 잠들어버리는 날이 계속되는 것이다. 일주일이 지나도 첫 장을 읽지 못했는데 또 새로운 책을 구입한다. 그 결과 읽지 않은 책들이 쌓여간다. 자기혐오를 애써 숨기고 '나는 내가 발상할 수 있으니 책을 읽을 필요가 없지'라며 호언장담할 정도였다.

이랬던 내가 지금은 하루에 한 권은 반드시 읽을 수 있게 되었다. '포토 리딩photo reading'이라는 미국에서 개발된 속독법을 배웠기 때문이다.

명칭에서도 알 수 있듯이 포토 리딩이란 단순한 속독速讀이라기보다 문서를 사진처럼 읽고 이해함으로써 정보 처리 속도 자체를 비약적으로 상승시키는 획기적인 방법이다. 나는 우연히 미국 출장 중에 잡지 기사에서 이 방법을 처음 알게 되었다. 그 기사를 읽고 깜짝 놀랐다. 포토 리딩을 하면 페이지당 1초의 속도로 책 내용을 머릿속에 그대로 복사할 수 있다는 내용 때문이었다.

고등학교 시절 중간고사가 생각났다. 성적이 나빴던 나는 시험 보기 전 쉬는 시간에 "아, 복사기처럼 노트를 통째로 머릿속에 집어넣을 수 있으면 좋겠다!" 하고 한탄한 적이 있었다. 그런 꿈같은 일이 가능한 것이었다. 기사만으로는 도저히 믿을 수가 없었다. 그래도 자꾸 신경이 쓰여 기사에서 소개한 포토 리딩 관련 책을 주문했다. 솔직히 책을 읽고 포토 리딩을 시도해본 것만으로는 실감이 나지 않았다. 몇 년 동안은 포토 리딩에 대해 잊고 지냈다가 창업 후 사업이 안정되고 여유가 생기자 큰맘 먹고 미국으로 건너가 세미나에 참석했다.

충격이었다! '이건 정말 가능할지도 모른다'라는 생각이 들어 계속 연습했다. 나는 단순한 속독에 그치지 않는 그 내용의 깊이에 빠져들었다. 그리고 일본 최초의 포토 리딩 공인 지도 강사가 되었다.

포토 리딩 방법으로 많은 도움을 받았기에 이 방법을 소개하고 싶었다. 나는 글을 쓰기 전에 참고문헌 20여 권을 몇 시간 만에 읽거나, 350페이지 정도 되는 두꺼운 책을 15분 만에 읽은 후 1시간 동안 그 책의 요지에 대해 이야기할 수도 있다. 이런 능력은 지금은 자연스럽지만, 포토 리딩을 배우기 전에는 도저히 상상할 수 없었던 일이었다. 게다가 일본어로 된 책뿐 아니라 영어 원서도 단시간에 읽을 수 있게 되었다.

나는 미국에서 4년 동안 대학원을 다녔기 때문에 교과서를 많이 읽었다. '그럼 당연히 영어 원서를 읽을 수 있는 것 아닌가?' 하고 생각할지 모르겠다. 하지만 실제 사정은 달랐다. 나는 영어 원서에 거부감이 있어서 귀국한 뒤 구입만 하고 읽지 않은 영어 원서들이 쌓여 있었다. 그랬던 내가 포토 리딩으로 영어 원서를 거부감 없이 자연스럽게 읽을 수 있게 된 것이다.

나는 지금 이 기술을 우연히 익혔다고 말하는 것이 아니다. 지금까지 일본에서 500명 이상의 학생들을 가르쳤는데, 솔직히 말하면 나는 열등생에 속한다. 가르치는 나보다 더 큰 성과를 올리는 학생들이 속속 나오고 있다. 예를 들면 '몇 개월 공부해서 자격시험(중소기업 진단사)에 합격했다', '한 권도 읽을 수 없었던 영어 원서를 일주일에 한 권씩 읽고 있다' 등등 많은 사례들이 있다. 포토 리딩은 한계를 뛰어넘어 가능성을 넓히는 방법이다.

포토 리딩은
누구나 할 수 있다

자, 그럼 어떻게 하면 포토 리딩을 할 수 있을까?

포토 리딩의 정식 명칭은 'Photo Reading Whole Mind System'으로, 모두 5단계로 이루어져 있다. 독서의 달인이라고 불리는 사람들이 무의식적으로 하는 작업을 시스템화한 것으로, 누구나 단기간에 독서의 달인이 될 수 있는 방법이다.

팍팍팍! 페이지를 넘기면서 사진을 찍듯 읽어 나가는 포토 리딩 작업은 이 시스템의 제3단계에 해당한다. 이 단계만 습득해서는 의미를 파악할 수 없다. 하지만 다음의 5단계를 조합하면 누구나 단시간 내로 문서를 파악할 수 있게 된다.

제1단계는 '준비' 단계다. 먼저 독서에 의식을 집중할 수 있는 상태를 만든다. 집중할 수 있는 상태란 '읽기 힘든 책을 재미있는 소설처럼 열중해서 읽을 수 있는 상태'를 말한다. 예를 들면 난해한 의학서라도 집중해서 읽다 보면 빨리 읽을 수 있게 될 것이다. 바로 이런 상태를 목표로 한다.

의식을 집중하기 위해서는 의식을 향하게 하는 포인트가 있다. 후두부에서 15~20센티미터 정도 위쪽 공간에 귤이 떠 있다고 상상한다. Photo Reading whole Mind System*에서는 이 작업을 '귤 집중법'이라고 부른다. 반드시 귤이어야 할 필요는 없다. 사과든 매실이든 상관없다. 요점은 후두부 위쪽의 한 점에 의식을 집중하는 것이다. 실제로 해보면 재미있는데, 시야가 넓어지거나 잡념이 줄어드는 느낌이 든다.

사실 누구라도 집중하고 있을 때는 자연스럽게 후두부 위쪽으로 의식이 가 있다. 스포츠 선수나 음악가에게 "경기나 연주를 하고 있을 때 의식이 어디에 있나요?"라고 물어보면, 등 뒤쪽에서 자기 자신을 보고 있거나 꼭두각시 인형처럼 천장의 실에 매달려 있는 모습을 형상화한다는 대답이 많다.

이처럼 고도의 집중력이 필요한 활동을 할 때는 의식이 자연스럽게 후두부 쪽으로 이동된다. 그래서 독서를 할 때도 후

---

*   폴 R. 쉴리Paul R. Scheele, 《포토 리딩Photoreading》 참고.

두부로 의식을 모으면 집중할 수 있게 된다.

제2단계는 'preview', 즉 '예습' 단계다. 방법은 아주 간단하다. 서점에서 누구나 하는 일인데, 책을 읽기 전에 읽는 목적을 명확히 하는 것이다.

사람들이 책을 사기 전에 어떤 행동을 하는지 관찰해보자. 대부분의 사람들은 책의 앞표지, 뒤표지, 저자 프로필, 목차 등을 찬찬히 살펴본다. 그 책에 자신의 귀중한 돈과 시간을 투자할 가치가 있는지 없는지를 철저하게 검토하기 위해서다. 그런데 집에 돌아와서 그 책을 읽기 시작한 순간, 첫 페이지부터 아무 생각 없이 읽기 시작한다. 마치 TV 스위치를 켜두고 멍하니 계속 쳐다보는 것과 마찬가지다. 이렇게 되면 책에 집중하지 못하고 어느새 기분 좋게 잠들어버린다.

시간을 허비하지 않기 위해서라도 책을 읽기 전에 다시 한 번 책의 내용을 간단히 조사하고 읽는 목적을 명확히 해야 한다. 단 몇 분만 투자해도 목적을 명확히 해서 뇌의 안테나를 세울 수 있다. 그러면 다음 단계에서 목적과 관련 있는 정보가 더 자주 눈에 띄게 된다.

제3단계는 1초에 한 페이지를 읽는 속도로 책을 팍팍팍 넘기는 '포토 리딩' 단계다. 책을 '텍스트 정보'가 아니라 '이미지 정보'로 읽고 이해하는 작업이다. 쉽게 말해 글자 한 자 한 자씩 의미 있는 단어를 읽는 게 아니라 페이지 전체를 하나의 화상畫像으로 뇌에 집어넣는 것이다.

일반적으로 언어(텍스트) 정보는 좌뇌가 처리하지만 이미지 정보는 우뇌가 처리한다. 우뇌와 좌뇌가 가진 기능의 차이는 책을 읽을 때도 최대한 활용된다. 즉 포토 리딩 단계는 문서를 이미지로 만들어서 집어넣는 작업이므로 우뇌를 사용한다.

문서를 이미지로 만들어 우뇌에 집어넣는 작업은 눈을 사용하는 방법을 바꿈으로써 가능하다. 눈의 사용법을 바꾼다는 것이 어려운 말처럼 들리겠지만, 사실은 누구나 이미 하고 있는 일이다. 당신은 미술관에서 그림을 볼 때 어떤 방법으로 보는가? 그렇다. 멀리 떨어져서 그림 전체를 바라본다. 그림을 보자마자 곧바로 물감의 색이나 붓의 터치 등을 세밀하게 확인하는 사람은 없을 것이다.

포토 리딩은 이미지를 뇌에 집어넣는 작업이므로 미술관에서 그림을 볼 때처럼 시야를 넓혀서 책을 본다. 구체적으로 설명하면 문자를 읽는 것이 아니라 책의 네 귀퉁이가 시야에 모두 들어오도록 책의 좌우 양 페이지 전체를 바라본다.

포토 리딩 단계를 실행하면 문서에 익숙해지기 시작한다. 내 경우 전문 분야 외의 문서나 난해한 문서들은 포토 리딩을 실행하지 않고서는 도저히 끝까지 읽을 수 없게 되었다.

포토 리딩을 하면 책의 내용을 바로 이해할 수 있을까? 아니다. 만약 그럴 수 있다면 그것은 초능력일 것이다. 그 정도까지는 기대할 수 없다. 이 작업은 우뇌라는 하드디스크에 정보를 다운로드받는 것과 비슷하다. 하드디스크를 바깥에서 보았다고 해도 어떤 내용이 들어 있는지는 알 수 없다. 포토 리딩도 마찬가지다. 입력시킨 정보를 화면, 즉 좌뇌(현재 의식)에 텍스트 정보로 띄우는 작업이 필요하다. 이를 위해서는 정보를 분류해서 패턴 인식을 할 필요가 있다.

제4단계에서는 '복습'이 이루어진다. 복습은 다음 제5단계인 '활성화'를 순조롭게 진행하기 위해 꼭 필요한 단계다. 여기에서 복습이란 '이건 좀 신경이 쓰인다'라거나 '이건 무엇일까?' 하고 관심이 가는 '트리거 워드trigger word'를 찾아내는 작업이다.

'트리거 워드'란 책에서 강조되며 계속 사용하는 단어로, 그 책의 중심적인 키워드를 의미한다. 책 한 권당 20~25개 정도의 트리거 워드를 추려낸다. 그런 다음에 이 트리거 워드를 보면서 '저자에게 묻고 싶은 질문'을 생각한다. 책에서 얻고 싶은 정보를 끌어내기 위한 질문을 생각하는 것이다. 그 질문에 대한 답, 그러니까 얻고 싶은 정보를 탐색하기 위해 하는 작업이 다음 단계에 나올 '활성화'다.

복습이 끝나면 정보를 10~20분, 가능하다면 하룻밤 정도 놔두는 게 좋다. 질문하자마자 뇌는 그 질문에 대한 답을 찾기 시작한다. 하지만 시간 간격을 두어 포토 리딩으로 얻은 새로운 정보와 기존의 지식이 순조롭게 결합되도록 해야 한다.

제5단계 '활성화'란 우뇌에 집어넣은 이미지 정보를 좌뇌인 현재 의식에서 의미 있는 정보로 파악하는 과정이다. 전 단계에서 시간을 두고 뇌에서 정보를 숙성시켰다면 이제 '복습'할 때 만든 질문을 재검토한다. 이 질문에 대한 답을 찾는 작업을 'Super Reading & Tipping'이라고 하는데, 문서에서 중요한 정보를 우선으로 끌어내는 작업을 말한다.

내용을 파악하는 데 도움이 되는 중요한 문장은 전체 문장 중 4~11퍼센트뿐이라고 한다. 따라서 일차적으로 4~11퍼센트 되는 문장을 빠르게 찾아내어 필요한 정보를 파악해야 한다. 문장 전체의 내용은 포토 리딩 작업을 통해 이미 우뇌에 들어가 있으므로, 4~11퍼센트 정도의 중요한 부분은 정확하게 찾아낼 수 있다.

이 작업을 구체적으로 설명하면 이렇다. 먼저 한 페이지를 횡단하듯 눈을 움직이면서 읽고 싶은 문장을 찾아낸다. 이 작업이 '슈퍼 리딩super reading'이다. 그리고 그 부분을 실제로 읽고 의미를 파악하는 작업을 '티핑tipping'이라고 한다.

"속독법에서 말하는 '비스듬히 읽어 내려가기'나 '골라 읽기'와 다를 게 없네"라고 말할지도 모르겠다. 하지만 실제로는 4~11퍼센트의 정보가 방아쇠 역할을 하여 문서의 다른 부분도 일관성 있게 그 의미가 전달된다. 어떤 일을 잊고 있었는데, 관련된 일 하나가 떠오르면 연달아 전체 내용이 생각나는 경우가 있다. 마찬가지로 4~11퍼센트의 문장이 계기가 되어 책의 내용을 쉽게 상상할 수 있게 된다. 그 결과 골라 읽기 한 것 이상으로 훨씬 더 많은 내용을 파악할 수 있다.

이상의 5단계 작업은 시간이 오래 걸릴 것 같지만, 실제로는 모두 합쳐 30~60분 정도밖에 걸리지 않는다. 익숙한 분야의 책을 읽을 때나 발상의 힌트를 얻기 위한 경우에는 5단계 작업만으로도 충분하다.

시험 공부를 하기 위해 책을 읽거나 전문서적을 읽을 경우는 '슈퍼 리딩'이 효과적이다. 슈퍼 리딩은 책의 맨 처음부터 끝까지 단숨에 읽는 작업이다. 이때 일정한 속도로 읽지 말고 속도를 유연하게 조절하면서 읽는다. 충분히 이해하고 있는 부분에서는 속도를 올리고, 좀 더 자세히 이해하고 싶은 부분은 천천히 꼼꼼하게 읽으면 된다.

머릿속 정보를
효율적으로 컨트롤하라

이 시스템은 본질적으로 뇌의 구조를 바탕으로 만든 정보 처리 기법이기 때문에 책 읽기뿐 아니라 지적 활동 전반에 걸쳐 정보 처리 속도와 질이 향상된다. 그 예로 회사에서 회의를 할 때 응용할 수도 있다.

우선 목적을 정한 다음, 참석 인원에게 동시에 정보를 제공한다. 회의는 대개 참석자 전원에게 어떤 정보를 제공한 후에 곧바로 이 문제에 대해 좋은 아이디어를 내라고 독촉하는 패턴으로 진행된다. 이런 식으로는 아무도 의견을 제대로 말하지 못한다. 그러다 보니 사장 혼자서 말하고 회의가 끝난다.

사장은 아무리 기다려주어도 직원들이 발전하지 않는다며

한탄한다. 반면 직원들은 사장이 자신들의 이야기를 듣지 않는다며 불평불만을 토로한다. 이후 패턴은 뻔하다. 퇴근 후 직장 동료들끼리 한잔하러 간다. 그러면 그 자리에서 괜찮은 아이디어가 계속 떠오른다. 그리고는 회의에서 발표하지 못한 것을 아쉬워한다.

사실 회의 중에 아이디어가 떠오르지 않는 것은 뇌의 구조상 지극히 당연한 일이다. 회의가 진행되는 동안 뇌는 정보를 다운로드받느라 바쁘다. 그런 다음 시간적인 여유를 두지 않으면 뇌 속 회로에 접속하기란 불가능하다. 회로가 접속되기까지는 적어도 20분 정도 걸리기 때문에 열심히 생각해보지만 답이 나오지 않아 단념하게 되는 것이다. 그러다 나중에 집에 가서 샤워하는 도중에 갑자기 아이디어가 떠오르는 경험, 누구나 해보았을 것이다.

이런 뇌의 구조를 감안하면 지적 작업을 효율적으로 하기 위해서는 새로운 정보를 다운로드받은 후 반드시 휴식을 취해야 한다. 그 주제에서 벗어나 긴장을 풀고 잠시 쉬면 자연스럽게 아이디어가 떠오른다. 그러면 회의가 빨리 끝날 뿐만 아니라 아이디어의 질 또한 차원이 다르게 훌륭해진다.

Photo Reading Whole Mind System을 사용하면 문서 처리 속도가 빨라지는 동시에 발상력과 창조력도 향상된다. 이에 비례해 행동력도 상승하기 때문에 목표 달성 속도 역시 비약적으로 빨라진다. 단순히 책을 빨리 읽기 위해서가 아니라 '독서를 통해 무언가를 실현해보겠다'는 당신에겐 최상의 도구라고 할 수 있다.

성공한 사람과 어울려야
당신도 성공한다

미국의 한 연구 기관에서 '무엇이 당신을 성공으로 이끌어 주었는가?'라며 성공 요인에 대해 조사했다. 그 결과 다른 어떤 요인보다 '어떤 사람과 친분이 있는가?'가 가장 영향력 있는 요인이었다고 한다. 한마디로 '실패한 사람들과 어울리면 성공할 수 없다', '부자가 되고 싶다면 부자와 어울리는 것이 중요하다'는 이야기다.

이 법칙은 뇌의 관점에서 판단해도 설명이 된다. 뇌는 익숙한 정보에 가장 먼저 끌린다. 그래서 누군가가 '불황이야'라고 진지한 얼굴로 이야기하는 모임에 참석하다 보면 회사에서도 부정적인 면만 보게 된다. 뇌가 무의식적으로 '우리 회사에는 불황이 없을까?' 하고 불황을 증명하려고 하기 때문이다.

반대로 '나는 2주 만에 1000만 원을 벌었습니다!', 'DM을 발송해서 1억 원의 매출을 올렸습니다!'라고 말하는 이들의 모임에 속해 있으면 그런 일들이 당연하게 느껴진다. '저 친구가 할 수 있는 일을 나라고 못할 리 없다'면서 자신의 가능성을 믿기 시작한다. 그러면 자신의 뇌에 '어떻게 하면 단기간에 돈을 벌 수 있을까?' 하고 질문하게 되고, 그때까지는 보이지 않던 돈을 벌 수 있는 기회가 세상에 널렸다는 사실을 알아차리게 된다. 평소 입버릇처럼 하던 말이 그대로 현실이 되는 것이다.

성공하기 위한 지름길은 쉽다. 지금 속해 있는 부정적인 대화를 하는 그룹과 거리를 두면 된다. 부정적인 말버릇을 가진 사람과의 교류는 치명적이다. 얼굴을 찡그리고 '못하겠다', '어렵다', '모르겠다'라고 하는 사람은 적극적으로 멀리하는 것이 좋다.

단순히 '인간관계를 소중히 하면 성공한다'라는 상식은 잘못된 것이다. 정답은 '훌륭한 사람과의 인간관계를 소중히 하면 성공한다'이다. 나는 창업할 당시 샐러리맨 시절에 일로 알고 지내던 사람들과는 거의 연락하지 않았다. 애당초 그들 역시 불면 날아갈 듯한 우리 회사를 상대해봤자 별다른 소득이 없었을 것이다. 그래서인지 그들 역시 나에게 전화 한 통 하지 않았다.

철저하게 고독했지만 도망치지 않았다. 오히려 그 고독을 즐겼다. 그러자 얼마 지나지 않아 만나는 사람들의 수준이 달라졌다. 개인이든 회사든 다음 무대로 옮겨갈 때는 자연스럽게 알고 지내는 사람들의 부류가 달라진다.

인생의 다음 무대로 나아가기 위해 성공한 사람들과 어울리고 싶을 것이다. 그래서 만나달라는 부탁을 한다. 하지만 그들이 만나줄 확률은 매우 낮다. 대체로 성공한 사람들이란 워낙 바빠서 시간을 허투루 사용하지 않으며, 어울리는 사람들 또한 매우 신중하게 선택한다. 물론 일단 부딪혀보자는 정신은 좋다. 내 멋대로 다가가는 것은 상관없지만, 이런 행동이 때론 상대방에게는 민폐가 될 수도 있다.

그렇다면 어떻게 해야 성공한 사람들과 어울릴 수 있을까? 성공한 사람들과 자연스럽게 알고 지내는 사이로 발전하는 이들에게는 공통점이 있다. 우선은 일방적으로 '받는 것'을 기대하지 않고 상대방에게 '주는 것'부터 시작한다. 바꿔 말하면 '만나서 이야기를 듣고 싶다'라는 식의 나만 얻으면 된다는 자세가 아니라 상대방에게 '나를 만나지 않으면 손해'라는 생각이 들 정도로 압도적인 제안을 하면 된다.

압도적 제안으로
부자들을 사로잡는다

그렇다면 '나를 만나지 않으면 손해'라는 생각이 들 정도로 압도적인 제안이란 어떤 것일까? 우리 회사의 클라이언트로, 인터넷 마케팅 부문에서 세계 최첨단 노하우를 실천하고 있는 다이얼로그 재팬 사의 고토 야스유키 씨의 이야기를 해주겠다.

고토 씨는 현재 미국의 대부호 로버트 앨런Robert G. Allen의 일본 창구 역할을 하고 있다. 로버트 앨런은 부동산 사업으로 대성공을 거둔 인물로, 미국에서는《부자 아빠 가난한 아빠》의 저자인 로버트 기요사키Robert Kiyosaki만큼이나 유명하다. 그는 또한《Multiple Streams of Income》을 비롯해서 100만 부 넘게 팔린 비즈니스서 저자이기도 하다. 로버트 앨런은 보통 사람은 말도 한 마디 못 붙일 것 같은 전설의 인물로 여겨진다. 어쨌든 그는 백만장자 대부호니까 말이다. 그런데 고토 씨는 미국으로 날아가 다짜고짜 약속을 잡고 그에게 제안서를 내고 돌아왔다. 그 내용을 요약하면 대충 이렇다.

"《부자 아빠 가난한 아빠》는 일본에서 100만 부 넘게 팔린 베스트셀러가 되었습니다. 하지만 인세 수입밖에 벌어들이지 못했지요. 앞으로 귀하의 저서도 일본에서 번역 및 출판될 것으로 알고 있습니다. 하지만 기존의 방식대로라면 로버트 기요사키 씨와 같은 실수를 하게 될 것입니다. 그러나 저는 귀하에게 Multiple Streams of Income(복수의 수입원)을 드리겠습니다!"

이런 식으로 상대방이 '응하지 않으면 손해 보는 제안'을 했던 것이다. 그 결과 고토 씨는 단박에 로버트 앨런의 일본 창구 역할을 맡게 되었다.

성공한 사람들은 성공한 사람들끼리 연결되어 있다. 로버트 앨런 역시 베스트셀러《성공하는 사람들의 7가지 습관》의 저자 스티븐 코비Stephen Covey 박사,《영혼을 위한 닭고기 수프》시리즈의 마크 빅터 한센Mark Victor Hansen, 그리고 앞서 말한 로버트 기요사키 등과 꽤 친분이 있다. 한마디로 단번에 세계적인 대부호들과 어울릴 수 있는 문이 고토 씨에게 열렸다는 뜻이다.

이런 이야기를 들으면 고토 씨가 처음부터 대단한 인물이었을 것이라고 생각한다. 하지만 불과 2년 전, 내 세미나에 처음 왔을 때만 해도 그는 돈이 풍족한 사람이 아니었다. 거래처에서 입금을 해주지 않아서 앞으로 어떻게 자금을 융통해야 할지 모르는 막막한 상황이었다.

그런 상황에서도 그는 "간다 선생님의 세미나를 후원할 수 있도록 해주십시오"라며 제안을 해왔다. 어떤 방법으로 후원할 계획이냐고 물었더니 "커피를 후원하겠습니다"라고 대답했다. 커피 값으로 자기 회사의 이름을 세미나 참석자들에게 알릴 수만 있다면 인터넷 컨설팅을 의뢰받을 수 있을 것이라는 계획이었다. 나는 매우 재미있는 사람이라는 인상을 받았고, 그때부터 세미나를 공동으로 개최하게 되었다.

닛케이 골프의 혼다 고우이치 씨도 '응하지 않으면 손해 보는 제안'을 하여 평소 만나기 힘든 인물들을 계속 만나고 있다. 그는 이제 겨우 29세이지만, 이름만 들어도 다 아는 벤처 기업 사장들과 대등하게 비즈니스를 하고 있다.

불과 1년 반 전까지만 해도 그는 그저그런 젊은이였다. 그는 골프 회원권을 중개하는 회사 사장의 아들이었다. 대학을 중퇴하고 외국에 나가서 지내다가 귀국해서 아버지 회사에서 일하기 시작했다. 하지만 영업도 할 줄 모르고 골프도 칠 줄 몰랐다. '사장의 멍청한 아들'이라는 소리도 들었던 것 같다.

하지만 그는 분발했다. 사장의 멍청한 아들로 끝낼 수는 없었기 때문이다. 그는 하루 업무를 마친 후 인터넷을 공부했다. 사람들이 골프 회원권 같은 고가 상품은 온라인에서는 팔리지 않는다고 생각할 때, 그는 10개월 동안 혼자서 순이익으로 5억 원을 벌었다. 게다가 골프 회원권의 시가 회계가 의무화되었을 때는 그 가격 조사 서비스를 유료화해 대기업과 1년 동안 400 건이 넘는 거래를 맺었다. 이런 식으로 순식간에 온라인 회원권 매매 부문 1위를 차지했다.

혼다 씨가 대단한 이유는 이후에 보인 그의 민첩한 행동 때문이다. 골프 회원권 온라인 판매가 어느 정도 궤도에 올랐다고 생각되자, 그는 이번에는 대형 벤처 기업에게 제휴 요청을 보냈다. 그는 사장들에게 다음과 같은 내용의 이메일을 직접 보냈다.

"당사는 접속 횟수가 높은 홈페이지를 운영하고 있습니다. 귀사에게 고객을 제공할 용의가 있으니 링크를 걸 수 있도록 부탁드립니다."

그러자 대형 벤처 기업의 사장들이 잇따라 연락해오면서 계속 그들을 만나고 있다.

이처럼 '응하지 않으면 손해라고 생각되는 제안'은 만나고 싶은 사람을 만나게 해준다. 게다가 돈도 들지 않는다. "책상을 사이에 두고 현자와 나누는 한 번의 대화는 한 달 내내 책을 읽는 것만큼의 값어치가 있다"라는 중국의 격언이 있다.

자기보다 높은 수준의 사람을 만나면 내 눈앞의 세상이 바뀐다. 그것을 실현할 수 있을 것인가는 편지나 이메일을 보내는 한순간의 행동과 '나는 성공한 사람들과 어깨를 나란히 할 만한 가치가 있다'라는 자각으로 결정된다.

CHAPTER 5

제5습관

고자세로
영업한다

부자와
보통 사람의 대화

3

— 정보를 대량으로 흡수하면 새로운 발상이 나오기 쉬워지
는군요. 실은 저도 좋은 아이디어가 떠올라서 스스로 대
단하다고 생각하고 있었는데, 어떤 방법으로 사람들에게
알려야 할지 모르겠습니다. 거기서 막혔습니다만….

♛ 그 아이디어를 어떤 방법으로 팔면 좋을지 모르겠다는
말이군.

— 네. 영업 경험이 전혀 없는 데다가 도저히 팔지 못할 것
같다는 생각이 듭니다.

♛ 그게 바로 가장 중요한 열쇠라네. 아무리 훌륭한 상품이
라도 파는 방법을 모르면 쓸모없는 잡동사니가 될 뿐이
거든. 하지만 판매 방법을 알면 금덩어리가 될 수도 있지.

— 어떻게 하면 좋을까요?

♛ 사실 나도 똑같은 고민을 한 적이 있다네. 판매는 경험이 없으면 할 수 없다고 생각하는가? 하지만 방법만 알면 오히려 영업 경험은 없는 편이 더 유리하지.

— 어떻게 하면 영업 경험이 없는 저도 팔 수 있을까요?

♛ 첫 번째 문제는 '영업에 대한 저항감'이야.

— 맞아요. 억지로 영업을 하는 건 나쁜 일 같아요.

♛ 하지만 자네의 상품을 사고 싶다는 고객이 눈앞에 있다면 어떻게 할 건가? 그리고 상대방이 '그 상품을 사고 싶습니다'라고 말한다면?

— 그야, 무슨 문제겠어요. 게다가 기분도 좋을 것 같고. 그런데 그런 방법이 있나요?

♛ 있고말고. 영업 경험이 전혀 없는 사람을 단기간에 프로로 만들어주는 방법이지.

영업의 달인으로 만드는
'악녀의 법칙'

지금부터 알려주는 방법은 내가 평범한 샐러리맨일 때 '180일 안에 사업을 일으켜 세우지 못하면 해고된다'라는 상황 속에서 마지막 히든카드로 사용했던 방법이다. 당시 나는 미국산 냉장고와 세탁기를 판매하는 회사의 일본 지사에 다니고 있었다. 그런데 회사 실적이 너무 저조했다. 외국인 상사들이 잇따라 해고되더니 마침내 일본 지사 폐쇄라는 결정이 내려졌다.

나는 아이가 태어난 지 얼마 안 된 시기라서 정리해고 같은 건 당하고 싶지 않았다. 그래서 지점 폐쇄를 위한 처리 작업을 하겠다는 이유로 6개월 동안의 유예 기간을 얻었다. 그사이에 판매 실적을 올리면 방침이 바뀌리라 생각했던 것이다.

판매 실적을 올리겠다고는 했지만, 원래 공무원이었던 나는 영업 경험이 전혀 없었다. 경영대학원을 다녔지만 놀랍게도 '어떻게 하면 고객을 확보할 수 있는가?' 하는 세일즈에 관한 수업은 1시간도 듣지 않았다. 도대체 어디서부터 무엇을 어떻게 하면 좋을지 막막했다. 가르쳐주는 사람도 없었다. 유예 기간으로 주어진 180일이라는 한정된 시간 때문에 직접 고객을 찾아갈 수도 없었다.

고민 끝에 나는 DM을 이용해 상품에 관심 있는 고객이 먼저 연락해 오도록 하면 어떨까 생각했고, 거기에 철저히 집중했다. 그러자 영업 경험이 전혀 없던 내가 거짓말처럼 계약 건수를 올리기 시작했다. 고객으로부터 상품에 관심이 있으니 상담하고 싶다고 연락이 왔다. 나는 대형 양판점과 계약하고 대량 주문을 받았다. 그 결과 지사 폐쇄 결정은 취소되었고, 오히려 일본 시장을 확대하는 방침으로 바뀌었다. 나는 단기간에 영업 초보자에서 영업 달인이 되었다.

이처럼 영업을 해본 경험이 없어도 방법만 제대로 공부하면 단기간에 성과를 거둘 수 있다. 그러려면 먼저 영업이 무엇인지부터 알아야 한다. 영업에는 '마케팅'과 '세일즈'라는 2단계가 있다.

"마케팅? 아, 조사하는 것 말이지요?"

이렇게 말하는 사람도 있겠지만, 그것은 큰 착각이다. 마케팅marketing이란 '잠재적인 우량 고객을 세일즈맨 앞에 데려다놓는 일'이다. 이에 반해 세일즈sales란 '잠재 고객과 계약을 성사시키는 일'이다. 다시 설명하겠지만, 효과적으로 세일즈를 하기 위해서는 고객을 설득하기보다 먼저 고객을 확실히 파악하는 것이 해결의 열쇠가 된다.

영업의 원칙은 마케팅으로 고객을 확보한 다음
세일즈로 고객을 잘라내는 것이다.

나는 이것을 영업의 달인이 되기 위한 '악녀의 법칙'이라고 부른다.

악녀는 먼저 상대에게 마음이 있는 것처럼 행동한다. 남자는 저 여자가 나를 좋아한다고 생각해 접근하게 된다. 그러면 악녀는 속박받고 싶지 않다면서 냉정하게 대하고, 남자는 한층 더 사랑이 타오른다.

고객도 마찬가지다. 우선은 매력적인 제안으로 고객의 관심을 끈다. 그러나 관심을 끈 다음에도 부추기기만 하면 모두 도망가버리고 만다. 그래서 세일즈맨은 상품을 구매할 가능성이 높은 고객을 파악해야 한다. 이를 위해 '저는 손님이 사지 않아도 상관없습니다'라는 뉘앙스를 넌지시 풍겨야 한다. 그러면 구매할 마음이 있는 고객의 경우 지금 사지 않으면 있는 것도 날아갈 것 같으니 '나는 이제 곧 구매할 고객이란 말이에요'라며 적극적으로 어필하기 시작한다.

이 원리 원칙을 완전히 습득하면 머리를 숙이고 부탁하는 영업은 할 필요가 없다. 고객 쪽에서 먼저 팔아달라고 부탁하는 '임금님 영업'을 할 수 있다. 그래서 이 기술을 익히면 당신은 최대의 수입과 마음의 안정을 동시에 얻을 수 있다. 고객이 팔아달라고 접근한다면 정리해고를 당해도 무서울 것이 없다. 지금 우리가 사는 이 땅이 불타는 들판이 되어도 그날부터 돈을 벌 수 있다는 자신감이 생긴다.

고객이 먼저
다가오게 하는 전략

효율적으로 영업하기 위해서는 일단 '관심을 가진 고객'이 사겠다고 손을 들도록 만들어야 한다. 고객은 구매 의사가 없을 때 구매 권유를 받으면 세일즈맨을 벌레 보듯 쫓아내고 싶어 한다. 그러나 반대로 구매할 의사가 있는데 구매를 권하는 세일즈맨이 없으면 '서비스가 나쁘다'라고 생각한다. 한마디로 세일즈맨은 고객이 사고 싶어하기 전에 영업을 하면 싫은 소리를 듣게 되고, 고객이 사고 싶은 마음이 들었는데 꾸물거리면 라이벌에게 빼앗기고 만다. 그러므로 고객 쪽에서 사고 싶은 순간에 스스로 손을 들도록 만들어야 효과적인 영업을 할 수 있다.

그렇다면 고객이 사겠다고 손을 들게 하기 위해서는 어떻게 해야 할까? 생각해보면 알 수 있다. 고객이 손을 들 때는 대부분의 경우 어느 정도는 문서가 결정적인 역할을 한다. 고객은 광고, 전단지, DM 등의 광고를 접해야 전화번호나 홈페이지 주소를 찾아보게 되고, 고객 스스로 그 회사에 연락하게 된다. 따라서 고객의 구매 욕구를 자극하는 이러한 광고에 대한 지식이 있으면 아주 순조롭게 창업을 할 수 있다.

나가노현 치노시에 있는 주식회사 엘하우스의 히라 히데노부 사장이 그런 예다. 그는 한창 건축 불황이라고 떠들썩하던 상황에서 창업했다. 창업 1년 만에 회사는 우량 법인(신고 소득 4억 원)이 되었으며, 창업 2년차에는 직원 8명으로 매출 실적 80억 원을 올리는 해당 지역 1위의 건축업체로 성장했다. 또 그는 컨설턴트 수입으로도 10억 5000만 원을 벌어들인 슈퍼 사장이 되었다. 히라 사장은 다음과 같은 광고 전단지를 뿌렸다.

아직 집을 사지 마세요!

"이 광고는 상품을 구매하라는 광고가 아닙니다.
집을 살 때 상품 선택의 기준으로 참고하십시오."
자녀 양육 세대를 위한 풀 옵션 주택
www.Lhouse.co.jp

같은 가격대 주택을 홍보하는 기존의 전형적인 전단지로는 10만 장에 10건 정도밖에 고객의 반응을 얻지 못한다. 그러나 그의 전단지는 10만 장에 평균 100~120명의 고객을 모았다.

전단지와 DM에 대한 반응 비율이 높아지면 어마어마한 경쟁력을 얻게 된다. 일반적으로 주택 건설업체들은 주택 가격의 12~13퍼센트를 광고비로 쓰는데, 이 회사는 1퍼센트밖에 쓰지 않았다. 결국 같은 가격의 주택이라면 광고비를 줄인 만큼 품질과 고객 서비스는 더 좋아진다. 그러면 고객 만족도가 높아지고, 입소문을 타게 되어 고객이 고객을 데려오는 선순환으로 이어지게 된다.

어떻게 하면 히라 사장처럼 종이 한 장으로 고객이 줄을 서는 건축업체를 만들 수 있을까? 열쇠는 고객의 '감정emotion'에 있다.

고객이 사고 싶어하는 감정을 어떻게 하면 불러일으킬 수 있을지는 심리학을 공부하면 알 수 있다. 앞의 광고 전단지에서 '아직 집을 사지 마세요!'라고 한 표현을 살펴보자.

평소 집을 사려고 생각한 사람이라면 집을 사지 말라는 전단지를 관심 있게 볼 것이다. 따라서 집을 사지 말라는 표현은 그러한 고객의 심리를 정확히 이해하고 쓴 것이라 할 수 있다. 이와 같이 고객의 감정을 토대로 고객이 직접 손을 들게 만드는 방법을 나는 '감정 마케팅'*이라고 부른다.

---

*   '감정 마케팅'은 이 책의 주요 주제가 아니기에 간략한 설명으로 끝냈다. 관심 있는 사람
    은 《당신의 회사를 90일 만에 고수익 기업으로 바꿔라》를 읽어보기 바란다. 이 세상에
    단기간에 억만장자가 되게 하는 마법이 있다면 '감정 마케팅'이야말로 그 마법에 가장
    가까울 것이다.

세일즈의
개념을 바꿔라

마케팅으로 잠재 고객이 모였다. 그러면 이 잠재 고객과 계약을 성사시켜야 한다. 잠재 고객과 계약을 성사시키는 작업을 '세일즈'라고 한다.

자, 영업 초보자를 달인으로 만드는 세일즈 기법을 설명하기 위해 내가 정리해고를 당할지도 모르는 상황에서도 열심히 영업했던 이야기로 돌아가보자.

나는 감정 마케팅을 활용해 가전 판매점으로 DM을 보냈다. 그러자 13퍼센트가 넘는 반응률이 있었고, 잇따라 자료를 요청해왔다. 여기까지는 좋았다. 하지만 그 후 벽에 부딪혔다.

나는 가전 판매점의 잠재 고객을 고려했을 때 이익이 오르는 이유를 논리적으로 설명하면 계약이 가능할 것이라고 생각했다. 그래서 며칠에 걸쳐 제안서를 깔끔하게 작성했다. 하지만 현실은 냉정했다. 고객들은 전혀 상대해주지 않았다. 제안서는 눈길 한 번 제대로 받지 못한 채 쓰레기통으로 직행한 모양이었다.

　'제안서만으로는 안 되겠군. 세일즈 토크가 별로였나?'

　그래서 이번에는 세일즈 토크에 관한 책을 읽으면서 공부했다. 고객이 확실하게 'YES'라고 말하게 하는 심리학에 근거한 테크닉을 배웠다. 고객이 A라고 말하면 A′라고 받아치는 화법 패턴도 여러 가지 준비했다. '임금님 타입' 또는 '장군 타입' 등으로 고객 성향을 분류해 그에 따른 대응 방법도 바꾸었다. 그러나 이런 방법들은 공부할 때는 이해되었는데, 막상 실제로 상담할 때는 너무 어려워서 실행에 옮기기가 어려웠다.

　나는 신경 언어 프로그래밍NLP이라는 방법론을 더 공부했다. NLP는 임상심리사가 환자를 치료할 때 사용하는 방법인데, 이를 영업에 활용하는 고도의 테크닉도 공부했다. 예를 들면 마치 거울처럼 상대방의 몸짓이나 표정을 흉내 냄으로써 공감을 얻는 방법이라든가, 눈의 움직임을 보고 상대방의 마음을 읽는 방법 등이 있다. 하지만 실제로 해보면 알겠지만, 상담하면서 고객의 눈을 관찰해 상대방의 생각을 읽고 동시에 다음 말할 내용을 생각한다는 것은 웬만큼 두뇌 회전이 빠르지 않고 서는 불가능하다. 방법론으로서는 재미있지만, 이 방법을 완전 히 익히려면 시간이 걸린다. 내일부터 당장 매출 실적을 올려 야 하는데, 임상심리 공부를 할 여유는 없었다!

이런 상황에서 한 권의 책을 만났다. 자크 워스Jacques Werth와 니콜라스 루벤Nicholas E. Ruben이 쓴《High Probability Selling》이 라는 책으로, 저자는 '고확률 세일즈'라고 부르는 방법론에 대 해 이야기하고 있다. 간단하게 내용을 요약하면 다음과 같다.

세일즈의 목적은 상대방을 설득하는 것이 아니다.
상대방이 구매할 확률이 높은지 아닌지를 판단하는 것이다.
따라서 세일즈맨은 구매할 확률이 높은 고객에게만 시간을 할애하고, 구매할 확률이 낮은 고객은 지체하지 말고 거절해야 한다.

나는 이 책을 읽고 이제까지 알고 있던 세일즈에 관한 상식 이 완전히 잘못되었다는 것을 뼈저리게 느꼈다. 세일즈를 성사 시키기 위해 고객을 열심히 설득해서 'YES'라는 대답을 받아 내야 한다고 생각하고 있었다. 그러나 그게 아니었다. 오히려 반대로 거절해야 하는 것이었다. 이런 관점에서 조사해보니 미국의 컨설턴트가 쓴 책 중에는 고객에게 부탁하기보다 도도하게 고자세로 상대하거나 위협하는 것이 중요하다고 말하는 솔직한 세일즈 관련 책이 많다는 사실을 알게 되었다.

"그래, 맞아. 싫은 고객에게 굳이 머리를 숙일 필요는 없어. 나한테 맞지 않는 고객은 거절하는 것이 세일즈라는 거야."

지금까지의 세일즈에 대한 개념이 바뀌는 순간이었다.

나는 상대방을 확실하게 파악해서 내 고객으로 적합하지 않은 고객은 거절하는 세일즈 기법을 '임금님 세일즈'라고 부르기로 했다. 그리고 감정 마케팅과 임금님 세일즈를 조합하면 지극히 효율적인 영업을 할 수 있게 된다는 것도 알게 되었다.

처음으로 임금님 세일즈를 시도했을 때, 나는 솔직히 경탄했다. 대형 양판점의 상무이사와 상담했을 때의 일이다. 상담을 시작하기가 무섭게 상무이사는 우리 제품(대형 냉장고)을 비판하기 시작했다. 우리 회사 제품이 일본에서 얼마나 안 팔리는지 알긴 하냐면서 일장 연설을 늘어놓기 시작했다.

그러는 동안 나는 고개만 끄덕일 뿐 한마디도 끼어들지 않았다. 한 시간이 지난 후, 나는 가망이 없다고 판단하고 노트를 챙기며 돌아갈 채비를 했다. 그러자 그의 태도가 바뀌더니 나에게 이렇게 물었다.

"지금까지 나 혼자 떠들었는데 당신은 뭘 하러 온 거요?"

"대형 냉장고를 국산 제품보다 40퍼센트 싸게 판매할 전략적 파트너를 이쪽 지역에서 찾고 있습니다. 귀사는 이 제품을 취급할 의사가 있습니까?"

부탁은 하지 않았다. 아주 도도하게 고자세로 물었다.

상무가 대답했다.

"뭐, 취급은 하고 싶긴 합니다."

"그건 왜죠?"

상무는 좀 전까지와는 전혀 다른 태도로 이번에는 자기 회사가 이 제품을 어떻게 판매할 수 있는지에 대해 이야기하기 시작했다. 나는 상무에게 질문했다.

"다음번에 계약서를 만들어오겠습니다. 어떻게 하시겠습니까?"

"사인하겠소."

처음에는 전혀 관심을 보이지 않았던 대형 양판점의 상무이사가 90분 후에는 계약을 하겠다고 돌변한 것이다. 이 대답을 들은 후, 나는 자리에서 일어나 쿨하게 인사를 했다. 그리고 그 회사를 나왔다. 회사가 보이지 않게 되었을 즈음 갑자기 웃음이 터져 나왔다.

"영업이 이렇게 쉬워도 되는 거야? 이렇게 해도 되는 거였다면 지금까지 난 뭘 했던 거지?!"

거절하는 영업이 보통 사람에게
효율적인 이유

일반적인 영업 접근 방식에서는 앞서 소개한 상무이사의 반론에 대해 세일즈맨은 일일이 대응해야 한다. 'NO'라고 말하는 고객을 'YES'라고 대답하도록 설득해야 한다. 그러나 이는 프로들을 위한 영업 기법이지 초보자를 위한 기법은 아니다.

당신이라면 어땠을지를 생각해봐도 금방 이해할 수 있을 것이다. 마음이 내키지 않을 때 구매 권유를 받으면 가능한 한 빨리 세일즈맨을 쫓아버리고 싶어진다. 설득당하면 당할수록 '뒤에 뭔가가 있을 것이다'라고 생각하며 구매에 대해 저항하게 된다.

세일즈맨 역시 마찬가지다. 세일즈맨의 입장에서도 원하지도 않는 고객을 열심히 설득했다가 결국 거절당하면 에너지 손실만 클 뿐이다. 거절당할 때마다 자신이 부정당하는 듯한 기분이 들어 자기혐오에 빠질 수도 있다. 그런데 조금만 생각해보면 알 수 있듯이 'NO'라고 말하는 고객을 설득하기보다 설득할 필요가 없는 고객과 계약을 성사시키는 편이 훨씬 더 효율적이다.

결국 상담의 포인트는 딱 하나,
설득할 필요가 있는 고객인지 아닌지를 판단하는 것뿐이다.

그래서 "이 제품을 취급할 의사가 있습니까?"라고 질문했던 것이다. 그 대답이 'YES'라면 설득할 필요가 없으므로 상담을 계속 진행하면 되고, 'NO'라면 시간이 걸리기 때문에 상담을 끝내고 돌아오면 된다. 아주 간단하다.

이것이 가장 효율적인 영업 기법이라는 것은 다음의 두뇌 체조를 해보면 알 수 있다. 당신이 자동차를 판매하는 세일즈맨이라고 가정하자. 당신 앞에는 광고로 모은 100명의 자료 요청 고객 리스트가 있다. 당장 자동차를 구매할 고객 비율은 전체 리스트의 5퍼센트, 즉 5명이라고 가정하자.

자료 청구 고객을 1번부터 100번까지 번호를 매겨 순서대로 상담하기로 한다. 먼저 1번 고객이 자동차를 구매하도록 시간과 에너지를 들여 열심히 설득했는데 결국 거절당한다. 다음 두 번째 고객을 설득한다. 또 거절당한다. 만약 지금 당장 자동차를 구매할 5명의 고객이 96번에서 100번까지에 몰려 있다면 95명에게 계속 거절을 당해야 한다는 뜻이다. 시간과 에너지를 들여 설득하고 거절당하는 상황이 계속 반복되는 것이다. 이런 식이라면 아무리 정신력이 강한 세일즈맨이라도 자기혐오에 빠지고 만다.

이 문제를 다른 각도에서 살펴보면 해결책은 분명하다. 'YES'라고 말할 고객을 좀 더 일찍 만나기 위해서는 'NO'라고 말하는 고객에게 시간을 허비해서는 안 된다. 가능하면 빨리 95명으로부터 'NO'라는 대답을 듣는 편이 결과를 내고 시간을 단축할 수 있다. 게다가 거절당했다는 압박감도 깨끗이 사라지게 된다.

내 경험에 의하면, 가격대에 따라 다르긴 하지만, 지금 당장 사겠다는 '지금 당장 고객'은 자료 청구자의 5~15퍼센트 정도다. 또 조만간 사겠다는 '조만간 고객'은 별도로 5~10퍼센트 정도 있다. '조만간 고객'은 자료 청구 후 45~60일 이내에 움직이기 시작한다. 그러나 세일즈맨이 '조만간 고객'에게 노력을 하기엔 시간이 아깝다. '조만간 고객'은 나중을 기약하며 뉴스레터나 DM같이 사람이 시간을 들이지 않아도 되는 방법을

이용해 30일 주기로 연락하면서 '지금 당장 고객'으로 키워가
면 된다.

임금님 세일즈로 잠재 고객으로부터 가능한 한 빨리 'NO'
라는 대답을 듣고자 한다면, 그 순간 고객과 세일즈맨의 입장
이 뒤바뀐다. 세일즈맨이 '사지 않아도 괜찮습니다. 다른 고객
이 있으니까요'라는 태도를 풍기면 고객은 절대로 거짓말을 하
지 못한다. 세일즈맨이 상대해주지 않게 되면 고객으로서는 원
하는 상품을 살 수 없다는 위협을 느낀다. 그 결과 고객은 무의
식적으로 팔아달라는 메시지를 보내기 시작한다.

감정 마케팅으로 모인 잠재 고객에게 임금님 세일즈 기법을
구사하자 묘하게도 상담이 성사되었다. 우리 회사의 클라이언
트 중 복지 기기를 제조 판매하는 업체의 사장이 있었다. 주문
제작 방식으로 고급 휠체어를 만드는데, 매스컴에도 소개되어
견적 의뢰가 많이 들어오는데도 계약으로 이어지지 않았다. 견
적 의뢰만 늘어나서 바빠지기만 할 뿐 돈이 안 되었다. 아무래
도 경쟁사인 대형 제조업체의 농간인 것 같았다.

그때 그 회사의 사장은 임금님 세일즈 기법을 듣고 실천해
보았다. 들러리 견적은 절대로 내지 않겠다는 방침을 정한 뒤,
견적 의뢰가 들어오면 다음과 같이 응대한 것이다.

"저희에게 주문하겠다는 고객 이외에는 거절하겠습니다."

"네? 정말입니까?"

"물론입니다. 사절하겠습니다."

이런 식으로 거절하자마자 '꼭 그 회사에 주문하고 싶다'라며 고액의 주문이 들어오기 시작했다.

건어물을 판매하는 '일본 건어물 산업 주식회사'의 아키다케 사장도 임금님 세일즈 신봉자다. 그는 대기업의 복지후생부를 상대로 영업을 했다. 상담 상대는 직원이 3만 명이나 되는 대기업이었다. 당연히 대부분의 업자들은 '우리와 꼭 거래해주십시오'라며 부탁하는 영업을 한다. 아키다케 사장은 상담 담당자에게서 이런 말을 들었다.

"좋습니다. 하지만 우리 회사 결제 조건은 매월 10일 마감, 2개월 후 어음 결제입니다."

한마디로 결제 금액을 현금화하려면 몇 개월이 걸린다는 말이다. 아키다케 사장이 운영하는 회사는 규모가 작기 때문에 몇 개월 후의 결제로는 회사를 유지할 수 없었다. 매출을 올리고 싶은 마음은 간절했지만 받아들일 수 있는 조건이 아니었다. 그래서 임금님 세일즈를 실천했다.

"저희는 당월 현금 결제 조건이 아니면 거래하지 않습니다. 어떻게 하시겠습니까?"

지금까지 이런 거래 조건을 제시한 업자는 없었다. 담당자는 어떻게 대응했을까?

"아, 알겠습니다. 내부적으로 검토해보겠습니다."

그 후 담당자는 아키다케 사장에게 다음의 메일을 보냈다.

"귀사의 상품을 꼭 취급하고 싶습니다. 귀사가 제시한 조건에 전부 맞추겠습니다. 열심히 해볼 테니 잘 부탁드립니다."

이러니 임금님 세일즈를 그만둘 수가 있겠는가.

자신의 고객으로 어울리는지 고객을 면접한다

가능한 한 빨리 잠재 고객에게서 'NO'라는 대답을 들으려면 '세일즈맨이 고객에게 권유'하는 기존의 입장을 뒤집어 '세일즈맨이 고객을 거절'하는 입장이 되면 된다. 마찬가지로 '나에게 어울리는 고객'이 아니라면 거절할 필요가 있다. 나에게 어울리지 않는 고객, 즉 상대하기 싫은 고객과 거래하면 결코 좋을 것이 없다. '20퍼센트의 우량 고객이 80퍼센트의 수익을 가져다준다'라는 80/20의 법칙이 있다. 반대로 해석하면 20퍼센트의 싫은 고객이 80퍼센트의 불이익을 가져다준다는 의미이기도 하다.

싫은 고객과 내키지 않은 채로 거래를 하면 일시적인 이익은 얻을지 모르겠지만, 분명히 장기적으로는 정신적으로나 수익적으로 손해를 보게 된다. 그러니 영업을 할 때는 누구든 고객으로 삼겠다는 생각을 버리고 나에게 어울리는 고객을 선택해야 이익을 얻을 수 있다.

그렇다면 나와 어울리는 고객인지 아닌지를 판단하기 위해서는 어떻게 해야 할까? 거래하고 싶지 않은 고객을 확실히 골라내면 된다. 우리는 제1습관에서 '하기 싫은 일'과 '하고 싶은 일'을 찾아내는 연습을 했다. 이것을 '거래하기 싫은 고객'과 '거래하고 싶은 고객'으로 바꿔본다. 이처럼 '거래하기 싫은 고객'을 명확히 해두지 않으면 모든 사람을 고객으로 간주하게 되어 엄청난 시간과 에너지를 낭비하게 된다.

나의 명함 뒷면에는 '사용상 주의할 점'이 쓰여 있다.

사용상 주의할 점

1 주식회사 알막(Almac Inc.)은 돈이 되는 일이라면 뭐든지 달려드는 컨설팅 회사가 아닙니다. 솔직히 고객은 충분하기 때문에 저희가 고객을 선택합니다. 실적을 올리는 일에 최선을 다하고 상식에 얽매이지 않으며 혁신을 추구하는 분들만 연락을 주십시오.
2 간다의 시간 90퍼센트 이상은 1000여 개 사 이상의 기존 클라이언트 지원을 위해 할애됩니다. 흥미 삼아 한번 '만나고 싶다', '이야기를 듣고 싶다'라는 의뢰에는 응할 수 없으니 미리 양해를 부탁드립니다.

3 간다는 무료 상담을 하지 않으므로 양해 바랍니다. 의사가 무료 진찰을 하지
   않듯이 간다 또한 제공하는 지원에 긍지와 책임을 느낍니다. 무료로 조언을 들
   을 수 없다고 언짢아하지 않으시길 바랍니다. (단, 창업가 양성 목적의 학교 등
   비영리 단체는 예외입니다.)
4 간다와의 개별 미팅이나 고문 계약은 고액의 투자 비용이 필요하므로, 예외적
   인 경우를 제외하고는 추천하지 않습니다. 많은 회사가 고객획득실천회 멤버
   가입만으로도 충분한 결과를 얻을 수 있습니다. 멤버들은 저렴한 연회비로 1년
   간 전화 컨설팅을 받을 수 있습니다. 자료는 무료이며 '실천회 자료 요망'이라
   고 팩스로 신청해주십시오.

나의 명함이다. 비상식적이기 짝이 없다!

"주식회사 알막(Almac Inc.)은 돈이 되는 일이라면 뭐든지 달
려드는 컨설팅 회사가 아닙니다. 솔직히 고객은 충분하기 때문
에 저희가 고객을 선택합니다. 실적을 올리는 일에 최선을 다
하고 상식에 얽매이지 않으며 혁신을 추구하는 분들만 연락을
주십시오."

상당히 고자세이고 비상식적인 내용이다. 하지만 잠재 고객
이 '사용상 주의할 점'을 보면 어떨까? '우리 회사를 꼭 컨설팅
해주시기 바랍니다'라고 하는 진지한 고객들만 찾아온다. 현실
이 이런데 영업을 할 필요가 있을까? 제안서? 일절 제출하지
않는다.

고객이 "어떻게든 부탁드립니다"라고 말하면 나는 "그렇습

니까? 알겠습니다. 그럼 어떻게든 해봅시다"라고 대답한다. 그러면 고객이 머뭇거리며 묻는다. "아, 참 다행이군요. 그런데 가격은 얼마일까요?" 이런 식으로 고자세 영업이 가능해지는 것이다.

'그런 거만한 태도는 책을 낼 정도로 유명한 컨설턴트니까 할 수 있는 것 아닌가요?'라고 말할지 모르겠다. 그러나 나는 고객이 한 명도 없었을 때부터 이렇게 해왔다. 돈이 없을 때도 이 악물고 고객을 거절했다. 물건은 사지 않고 가격을 물어보거나 눈요기만 하는 고객과 떠들고 있으면 영업하는 것처럼 느껴져서 만족감은 생길지 모르지만, 현금은 생기지 않는다. 정말로 나를 필요로 하는 사람은 만나지 못했기 때문이다.

나와 어울리지 않는
고객을 구분하려면

임금님 세일즈는 매우 효과적인 영업 방법이다. 하지만 많은 사람들은 이렇게 생각할 것이다.

'그런 고자세로 굴다가 고객이 화를 내진 않을까? 불안한데….'

화가 날 이유가 없다. 고객이 가장 싫어하는 것이 사고 싶지 않은데도 사달라고 귀찮게 하는 세일즈다. 그래서 상대가 사고 싶어하는지, 사기 싫어하는지를 판단해서 가능한 한 재빨리 물러나는 임금님 영업이 오히려 환영받는 것이다.

만에 하나 고객이 화를 낸다 한들 무슨 상관이겠는가? 세일즈맨의 목적은 매출을 올리는 것이지 고객과 사이좋게 지내는 것이 아니다. 그런데 나를 포함한 대부분의 세일즈맨은 어처구니없는 실수를 한다. '고객과 사이좋게 지내다 보면 사주겠지' 하고 잘못 생각한다. 어쩌면 당신이 정리해고를 당하고 나면 사줄지도 모르겠다. 하지만 그때는 너무 늦다.

그런데도 대부분의 세일즈맨들은 이러한 원리 원칙을 잊어버린다. 이 규정에서 벗어나지 않도록 종이에 적어 가지고 다닐 필요가 있다.

'부탁하는 영업은 하지 않는다.'
'가능한 한 빨리 'NO'라는 대답을 듣는다.'

고객과의 실제 대화에서 상대방이 나와 어울리는지 아닌지를 판단하기 위해서는 먼저 상대방의 이야기를 듣는다. 상대방이 이야기하도록 유도하기 위해서는 다음과 같은 질문을 한다.

"이번에 저희에게 전화를 주셨는데, 지금까지 사용하셨던 ○○에 무슨 불만이라도 있으신가요?"

그러면 대부분의 고객은 이유를 말하기 시작한다. 그 이유가 명확하다면 이번에는 상대방의 의사를 확인하기 위해 다음 질문을 한다.

"저희가 방문해서 설명해드릴 수 있습니다. 그렇게 하기를 원하십니까?"

포인트는 '○○을 원하십니까? 아닙니까?' 하는 식으로 양자택일 질문을 하는 것이다. 세일즈맨의 최종 목표는 고객으로부터 '네, 부탁합니다'라는 말을 끌어내는 것이기 때문이다. 그렇다면 '네, 부탁합니다'라는 대답이 돌아올 수 있는 질문을 준비해야 한다. 고객에게 듣고 싶은 대답을 역순으로 짚어나가며 질문을 만드는 것이다.

그런데 대부분의 세일즈맨은 "설명하러 방문하고 싶습니다만…" 하고 부탁을 한다. 이렇게 부탁하면 고객은 "아니, 지금은 바쁘니 됐습니다"라고 대답한다. 이는 파블로프의 개와 같은 반사적인 대응일 뿐, 그 대답 자체에는 아무런 의미가 없다.

양자택일의 질문을 했을 때 상대방이 "부탁합니다"라고 답하지 않는다면 '조만간 고객'이다. 이런 경우에는 "별로 관심이 없어 보이시는데, 맞습니까?" 하고 묻는다. 상대방이 '맞다'라고 대답하면 애당초부터 시간 낭비이니 그 시점에서 상담을 중지하고 즉시 자리에서 일어나야 한다.

중요한 것은 언제라도 상담을 중지할 각오가 되어 있어야한다는 점이다. 이런 각오가 되어 있을 때 '지금 당장 고객'이라면 세일즈맨이 하는 이야기를 진지하게 듣게 된다.

상담하다가 자리에서 일어설 때는 솔직히 쾌감마저 느낀다. 펴놓았던 노트를 덮는다. 서둘러 노트를 가방에 넣는다. 그리고 돌아가려고 한다. 그러면 내 경험상 대부분의 경우 상대방이 "잠깐만 기다려주세요"라고 말한다.

상대방이 붙잡지 않을 경우 그는 처음부터 진지하게 생각한 것이 아니다. 당신은 들러리 노릇만 하고 있었던 것인지도 모른다. 그렇다면 그만큼 시간적인 여유가 생긴 것이니 세일즈맨에게도 이득이다. 그 시간을 당신에게 보다 어울리는 고객에게 사용할 수 있게 되었기 때문이다.

고객 리스트는
빈자리를 싫어한다

"와, 이런 고자세로 영업했다간 고객이 다 떨어질 거예요."

당신은 여전히 불안할 것이다.

"떨어지라고 하세요. 상관없습니다."

왜냐하면 달아나는 고객을 설득해서 가격 경쟁에 뛰어드는 것은 인생을 괴롭게만 만들 뿐이기 때문이다. 대부분의 회사는 가격을 내려서 자금에 쪼들리다가 무너진다. 그럴 바엔 가격을 올려서 소수의 우량 고객과 거래하는 쪽이 편하다. 어차피 망할 거라면 고통스럽게 망하는 것보다 편하게 망하는 편이 낫다. 바빠서 돌아다니다 죽을 정도라면 나는 소파 위에서 편하게 죽는 쪽을 택하겠다.

임금님 세일즈를 한 결과, 그러니까 고객을 거절하면 정말로 고객이 줄어들까? 내 경우 고객을 거절하자마자 더 좋은 고객이 나타났다. 언젠가 클라이언트로부터 조언 요청을 받은 적이 있다.

"현재 A사와 상담을 진행하는 중입니다만, 그들이 지정한 도매상을 통해야 한다는 조건을 제시하더군요. 그런데 우리 회사 방침은 직거래하는 것입니다."

"귀사의 방침을 관철시켜야 합니다. 직거래가 아니라면 계약하지 않겠다고 하세요."

그 결과 어떻게 되었을까? 그런 직후에 B사와 오히려 더 좋은 조건으로 거래하게 되었다. 더구나 그 후 A사의 담당 바이어가 바뀌면서 다시 새로운 제안도 받았다.

한 세무사는 한 달 고문료로 1000만 원을 제시하는 거래처를 거절했다. 그러자 한 달이 채 지나기도 전에 고문료는 똑같으면서 작업량은 10분의 1밖에 되지 않는 회사와 계약하게 되었다.

이런 일들은 예외 없이 일어나고 있다. 왜냐하면 고객 리스트는 진공眞空, 빈자리를 싫어하기 때문이다. 당신이 가지고 있는 고객 리스트에 빈칸이 생겼을 때, 그 빈자리를 채우려는 힘이 작용하는 것이다. 그러므로 당신에게 어울리지 않는 고객은 적극적으로 거절하고 고객 리스트에서 지워야 한다. 그러면 더 어울리는 고객과 만날 수 있게 된다.

"우리 회사는 고객이 없어서 이런 고자세 영업은 할 수 없습니다. 한 사람도 놓칠 수 없거든요."

아직도 이렇게 말할지 모르겠다. 하지만 전혀 그렇지가 않다. 한 사람도 놓치지 않으려고 안절부절못하다 보면, 여유가 1도 없는 모습을 들키는 바람에 고객이 따르지 않게 된다. 고객은 바쁘게 돈을 버는 사람을 알아본다.

누구나 좋은 사람이 되고 싶어한다. 처음에는 임금님 세일즈를 실천하는 것이 불편하고 불안할지도 모른다. 하지만 이 악물고 하는 것이 중요하다. 그러면 잇달아서 계약이 성사된다. 당신의 상상을 넘어선 현실이 펼쳐질 것이다.

다만 최종적으로는 당신이 어떤 라이프 스타일을 선택할 것이냐에 달려 있다. 다른 사람에게 계속 부탁만 하다가 끝나는 인생도 있다. 나는 이런 인생을 '방아깨비 인생(디딜방아가 곡식을 찧듯이 계속 굽신거리니까)'이라고 부른다.

나 또한 예전에는 방아깨비였다. 하지만 지금의 나는 정말로 나에게 어울리는 고객에게만 120퍼센트의 에너지를 투입한다. 그렇게 각오하자마자 '임금님 메뚜기(풀무치)'로 변했다. 한번 임금님 메뚜기 인생을 경험하고 나면 다시는 방아깨비 인생으로 되돌아갈 수 없다.

CHAPTER 6

제6습관

돈을
몹시 사랑한다

돈의 습성을
알고 있는가

"세상에 도움되는 일을 하다 보면 돈은 나중에 따라오게 된다."

"설레는 일을 하다 보면 성공한다."

한 번쯤은 들어본 말일 것이다. 이런 말들은 기분 좋게 들린다. 그러나 나는 들을 때마다 고개를 갸우뚱하게 된다.

현실로 눈을 돌려 주위를 살펴보고 객관적으로 생각해보기 바란다. 세상에 도움이 되려고 열심히 노력하는 사람들은 얼마든지 많다. 하지만 대부분의 경우 늘 돈에 쪼들린다. 돈은 나중에 따라오겠지 하고 믿다가 정신 차렸을 때는 나이가 들어버린 후다. 설레는 일을 하기 위해 프리터*로 사는 사람들은 어떨까? 닭이 하늘을 날 수 있기를 바라며 꼼짝 않고 마냥 기다리고 있듯이 그들이 성공할 확률은 10억 원짜리 복권에 당첨되기보다 더 어렵다.

이처럼 현실과 동떨어졌음에도 불구하고 이런 말들이 상식처럼 만연한 이유는 무엇일까? 잠시 그 이면을 살펴보자.

'세상에 도움되는 일을 하다 보면', '설레는 일을 하다 보면' 같은 말들은 성공한 사람이 "성공 비결이 무엇입니까?"라는 질문을 받았을 때 가장 편하게 대답할 수 있는 말이다. 일단은 머리를 쓰지 않아도 된다. 자신이 성공한 과정을 논리적으로 검증해서 누구라도 따라할 수 있는 법칙으로 만들어 전달하는 번거로운 작업을 할 필요도 없다. 누가 들어도 맞는 말이기 때문에 아무한테도 질타를 받지 않는다. 동시에 부자들로서는 '나는 세상을 위해 도움되는 일을 해왔기 때문에 성공했다'라며 자기합리화도 할 수 있는 말이다.

이 말은 보통 사람이 게으름 피우고 싶을 때도 사용된다. 원래 회사가 돈을 벌기 위해서는 철저하게 아이디어를 짜내고 이익을 남기는 구조를 구축하지 않으면 안 된다. 좋은 사람이라는 인상을 남기고 싶은 감정을 억누르고, 이를 악물고서라도 고객에게 돈을 청구해야 한다.

***

*   free arbeiter의 준말. 일정한 직업을 갖지 않고 아르바이트만 하는 사람. — 옮긴이

그런데 '세상에 도움되는 일을 하다 보면 돈은 나중에 따라온다'라는 표어를 외치면서 정작 해야 할 일은 게으름 피우는 사람들이 많다. 젊은 사장들 모임에 가보면 본업에서는 돈을 벌지 못하면서 술집에 모여서 귀중한 시간을 낭비하며 캄보디아에 나무 심는 일에 관해 이야기하는 사람들이 있다. 이들은 돈을 벌지 못하는 현실을 외면하기 위해 서로가 서로에게 최면을 건다. '돈은 나중에 따라온다. 돈은 나중에 따라온다' 하면서 말이다.

'설레는 일을 하다 보면 성공한다'라는 말은 그 죄가 더 무겁다. 이 말을 곧이곧대로 믿고 '회사가 설레지 않으면 그만두면 된다'라고 단순하게 해석하는 사람이 있다. 그리고 정말로 회사를 그만두는 바람에 생계도 유지하지 못한다. 겉으로 보면 그저 그런 프리터나 빈둥대는 실업자 신세일 뿐이지만, 자신은 꼭 성공한다고 굳게 믿고 있기 때문에 어떻게 해볼 도리가 없다. '설렌다'라는 말이 현실 도피에 쓰는 편리한 표현으로 악용되면 안 된다.

'세상에 도움되는 일', '설레는 일' 등의 말들은 성공한 사람이 자신을 일깨우는 말로서는 매우 의미 있다. 쉽게 말해 대충 이런 뜻이다.

'지금까지 나는 명성과 부를 얻고 싶어하는 에고ego를 원동

력으로 삼아 노력해왔다. 그러나 이것만으로는 안 된다. 돈을 좀 더 벌어서 다른 사람들을 위해 전력을 다하고 나도 즐거운 일을 하자.'

자기 자신에게 하는 이런 조언을 다른 사람에게도 하는 것이다.

그러나 보통 사람들은 이 말을 단순 해석해 사고思考 정지라는 폐해를 초래하고 있다. 보통 사람이 돈을 벌고 싶다면 '다른 사람에게 도움되는 일', '좋아하는 일', '설레는 일'도 중요하지만 그전에 돈에 대한 원리 원칙을 공부할 필요가 있다. 돈의 습성을 모르면 아무리 '세상에 도움되는 일', '설레고 좋아하는 일'을 한다고 해도 돈이 따르지 않기 때문이다. 그래서 이번 장에서는 내가 보통 사람에서 부자가 되는 동안 알게 된 돈의 습성에 대해 이야기하고자 한다.

창업가에게 금전 교육은 가장 중요한 지식이다. 나는 MBA에서 배운 지식은 거의 완벽하게 잊었다. 중학교에서 배웠던 2차 방정식 공식을 잊어버린 것과 똑같다. 도움이 되지 않았기 때문이다. 그러나 다음 3가지 원칙은 내가 기억상실증에 걸리더라도 제일 먼저 생각해내고 싶은 중요한 지식이다. 절대 잊어버리고 싶지 않은 원칙이다.

돈을 컨트롤하기 위한 3가지 원칙

1. 돈에 대한 죄악감을 갖지 않을 것.
2. 돈이 들어오는 흐름을 만들 것. 나가는 흐름을 만들어서
   는 안 된다.
3. 나의 연 수입은 내가 결정할 것.

이 3가지 원칙은 정말로 중요하다.
그럼 먼저 돈에 대한 죄악감을 없애는 것부터 시작해보자.

돈 버는 일에서
도망치지 마라

부자와 이야기해보면 그가 돈에 대한 철학을 가지고 있다는 것을 알게 된다.

'지폐 면을 같은 방향으로 하여 가지런히 모으면 돈이 불어난다.'

'호주머니 속에 동전을 짤랑짤랑 넣어두면 돈이 돈을 부른다.'

'예금 통장에 모으고 싶은 금액을 적어두고 매일 바라보면 실현된다.'

어이없다고 생각할지도 모르겠다. 하지만 부자들은 이런 말들을 진지하게 한다. 이런 말들에는 돈에 대한 부자들의 생각이 그대로 드러난다. 당신은 그 공통점을 알겠는가?

돈에 대한 부자들의 공통된 생각…
바로 '돈을 좋아한다'는 것이다.

누군들 안 그러겠냐고 반문할지도 모르겠다. 하지만 좀 다르다. 보통 사람들은 돈으로 살 수 있는 것들을 좋아한다. 예를 들면 자동차라든가 핸드백, 그리고 돈으로 얻어지는 지위나 자유 같은 것들이다.

이에 반해 부자들은 돈 그 자체를 좋아한다. 다시 말해 지폐 자체를 좋아하는 것이다. 지폐에서 나는 냄새를 좋아하고, 색깔을 좋아하고, 디자인을 좋아한다. 그야말로 돈을 열렬히 사랑하는 것이다. 이것이 돈이 모이는 사람과 돈이 달아나는 사람의 큰 차이점이다.

돈에 집착한다. = 품위가 없고 천박하다.

돈에 집착하지 않는다. = 마음이 맑고 깨끗하다.

일반적으로 사람들은 돈에 대해 이런 이미지를 갖고 있다. 그래서 돈 버는 일로 자신의 깨끗한 마음이 더럽혀지지 않을까 하는 두려움이 있다. 돈벌이만 생각하는 것은 천하다는, 일종의 돈에 대한 죄악감을 갖고 있다.

돈에 대해 두려움과 죄악감을 느낀다면 절대로 돈을 벌 수 없다. 돈을 벌기 시작하는 순간 자기 스스로 제동을 걸어버리기 때문이다.

돈을 버는 것을 부정적으로 생각하면 좀 더 돈을 벌 수 있는데도 상대방에 대한 미안한 마음 때문에 가격을 낮게 설정해버린다. 상대방의 비위를 맞추고 죄스러운 자신의 마음을 누그러뜨리려고 돈 버는 일에서 슬며시 발을 빼게 된다. 이래서야 돈과 인연이 없는 것이 당연하다. 그래서 당신이 먼저 해야 할 일은 돈에 대한 근본적인 죄악감을 말끔히 씻어 없애는 것이다.

사실 자신의 손으로 돈을 버는 일은 지극히 고귀한 행위다. 나는 이 사실을 내 집을 지을 때 비로소 깨달았다. 집은 건축업을 하는 우리 회사의 클라이언트에게 부탁했다. 이 건축업체는 내가 관여한 지 90일 만에 월 계약 실적이 2동에서 평균 7동까지 늘었는데, 90일 만에 3배 이상의 매출을 올린 것이다. 그것도 영업 담당 직원 수는 이전과 똑같은 상황에서 올린 성과였다.
나는 당시 판매 실적이 3배나 올라 잘되었다는 정도로밖에 인식하지 못했다. 그러나 그 이상의 의미가 있었다. 이 회사에서는 계약 조인식을 개최하고 있었는데, 담당 영업 직원으로부터 '업자를 위한 조촐한 모임이니 부담 없이 참석해주십시오'

라는 일반적인 초대를 받았다. 그래서 부담 없이 참석했는데, 행사장에 들어가는 순간 깜짝 놀랐다.

행사장에 들어서자 터질 듯한 박수 소리가 울렸다. 행사장에는 10여 명의 기술자들이 정렬해 있었다. 전기 공사, 내장 공사, 수도 공사 등의 외부업자들과 직원들이 차례대로 자기 소개를 했다. 그들은 맥주를 마시며 친목을 다지고 있었다. 나는 이 계약 조인식에 참석하면서 아주 단순하지만 중요한 사실을 깨달았다. 내가 돈을 벌고 이 회사가 판매 실적이 3배로 올랐다는 것은 여기 모인 기술자들의 일거리도 3배 많아졌다는 뜻이다. 그리고 내가 집 짓기를 의뢰하면서 이 기술자들에게 또 일거리가 생긴 것이다.

누군가가 이익을 낸다. 누군가는 돈을 번다. 그리고 그 돈을 쓴다. 누군가 돈을 쓰면 그로 인해 풍요로워지는 사람이 있다. 그래서 뭔가를 팔 능력이 있는 사람은 팔아야 하고, 돈 쓰는 능력이 있는 사람은 돈을 써야 한다.

상인은 장사의 프로, 돈을 버는 프로이니 철저한 프로가 되어 계속 돈을 벌어야 한다. 그리고 그 돈을 유용하게 써야 한다. 하지만 우리는 습관적으로 돈을 당당하게 마주 대하지 못해왔다. '돈은 나중에 따라온다'라는 말은 부자가 자기 자신을 다스리기 위해 하는 말이다. 그런데 보통 사람들이 이 말을 착각해서 진실이라고 믿어버렸다. 이 말은 돈을 번 다음에 하는 대사 였는데!

돈을 버는 사장은 당연히 미움을 사게 마련이다. 경우에 따라서는 시기의 대상이 되어 아이가 학교에서 괴롭힘을 당하기도 한다. '너네 아버지는 돈밖에 모르는 분이잖아'라면서.

미움을 산다고 해도 돈을 버는 일에서 도망쳐서는 안 된다. 사장은 직원들을 위해 돈을 벌어야 한다. 지역 사회를 위해 돈을 벌어야 한다. 돈을 버는 능력이 있는 사람에게는 그럴 의무가 있다.

돈에 대한
죄악감을 없애라

당신이 창업가로서 돈을 벌고자 한다면 돈에 대한 죄악감을 가져서는 안 된다. 예를 들어 음악가가 좋은 곡을 연주하면서 죄악감을 느낀다면 제대로 연주할 수 있겠는가? 목수가 좋은 집을 지으면서 죄악감을 느낀다면 잘 지을 수 있겠는가? 창업가는 돈을 버는 프로이기 때문에 돈에 대한 죄악감을 가지고서는 이익을 낼 수 없다. 그러니 돈에 대한 죄악감을 지금 당장 날려버려야 한다.

방법은 간단하다. 앞에서도 이야기했듯이 돈 자체를 좋아하면 된다. 지폐를 보면 그 색깔에 감동하자. 향기를 맡고 질감을 즐기자. '아! 돈이라는 것은 얼마나 거룩한 것인가'라고 외치며 지폐를 사랑하자.

　나는 돈을 아주 좋아한다.

　어린 시절부터 돈은 내 친구였다. 우리 집은 장사를 했기 때문에 나는 유치원생이었을 때부터 가게 매상을 집계하는 아버지를 도와드렸다(사실 방해했다). 은행원처럼 1만 원짜리 지폐를 세기도 하고, 100원짜리 동전을 10개씩 정리해서 피라미드처럼 높이 쌓는 놀이도 하곤 했다. 100원짜리 동전을 양손에 쥐고 흔들면 찰찰찰 하는 소리가 났다. 나는 이렇게 돈을 가지고 놀면서 정리했다. 꼬깃꼬깃한 지폐가 있으면 반들반들하게 다리미질도 했다. 어린 시절의 이런 경험이 아직까지 남아서인지 나는 아직도 돈을 볼 때마다 반가워서 어쩔 줄을 모른다.

　창업하고 돈을 벌기 시작하면서 가장 즐거웠던 일이 무엇인지 아는가? 은행에 가서 ATM 기기에 예금 통장을 넣는 순간이었다. 칙- 칙- 칙- 칙. 통장에 무언가 찍히며 내는 소리가 멈추지 않는 것이 즐겁기만 했다. '아! 이 얼마나 아름다운 소리인가!' 하며 감동했다.

　이렇게 잠시 소리를 듣고 있으면 통장이 꽉 차서 '새 통장으로 바꿔주십시오' 하는 명령어가 화면에 나온다. 다 쓴 통장을 들고 "통장이 다 됐네요"라고 말하면서 새 통장으로 바꾸러 갈 때, 뭔지 모를 뿌듯함에 스스로를 칭찬하고 싶어진다.

통장에 찍힌 금액의 글씨체와 인쇄된 글자의 마모된 감촉에서는 형용할 수 없는 아름다움이 느껴진다. 그리고 잔액의 자릿수가 바뀌는 순간이 빨리 왔으면 하고 너무나 기다려진다. 콤마가 더해지며 자릿수가 바뀌는 순간이야말로 최고의 순간이다. 혼자서 기분이 좋아 실실 웃는다.

돈을 벌 때 기쁜 것은 사장만이 아니다. 직원들도 마찬가지다. 하루는 경리 담당 직원이 은행에서 돌아오면서 싱글벙글 웃고 있었다.

"뭐가 그렇게 좋아서 웃고 있는 거야?"

"아니, 간다 사장님, ATM 기계가 고장 난 줄 알았잖아요. 소리가 멈추질 않는 거예요."

회사가 돈을 번다는 것은 직원에게도 신나는 일이다.
그러니 주저하지 말고 철저하게 돈을 벌어야 한다.

돈과 인연이 멀어지는 방법은 아주 간단하다. '인생에서 돈이 전부는 아니야'라고 말하면 된다. '돈 버는 일이 그렇게도 중요한가요?'라고 말하면서 부자들을 질투하면 된다. 그렇게 입버릇처럼 말하면 확실하게 평생 돈의 혜택을 받지 못하는 인생을 살게 될 것이다.

감성 마케팅 개발자인 고사카 유지 선생은 이렇게 말한다.

"돈에 왜 그렇게 관심이 많은 거야. 그보다는 사회에 공헌하는 일이 더 중요하지'라면서 돈 잘 버는 사람들을 야유할 정도라면, 당신도 5000만 원을 버는 것으로 만족하지 말고 10억 원을 벌어서 9억 5000만 원을 기부하면 된다."

우선 돈을 벌어라.
돈을 벌고 나서 그 돈으로 정의감을 가지고 철저하게 사회에 공헌하라.

하루라도 빨리 돈이 들어오는
흐름을 만들어라

돈에 대한 죄악감을 없앴다면 다음에 할 일은 돈이 들어오는 흐름을 만드는 것이다. 창업자에게 중요한 것은 1억 원을 버는 일이 아니다. 중요한 것은 벌어들인 액수가 아니라 돈의 흐름이다.

지난달보다 이번 달 은행 잔고를 늘린다. 매월 잔고가 늘어가는 것을 사수하는 것이다. 단돈 1000원이라도 좋으니까 돈이 들어오는 흐름을 만들어야 한다. 나가는 흐름보다 들어오는 흐름을 더 많이 만들어야 한다. 하루라도 빨리 만들지 않으면 안 된다. 이토록 돈의 흐름을 중요시하는 이유는 돈이 나가는 흐름을 만들어버리면 그것이 습관이 되어 결국에는 그 흐름을 바꾸기 어렵기 때문이다.

돈의 흐름을 바꾸는 일은 강의 흐름을 바꾸는 일만큼이나 어렵다. 돈이 조금 들어오면 사치를 한다. 그것이 습관이 되면 돈이 나가는 흐름을 만드는 것이기 때문에 걷잡을 수 없이 돈이 빠져나가게 된다.

반대로 돈이 들어오는 흐름을 만들어두면 어느 시점부터 갑자기 돈이 모이게 된다. 처음에는 찔끔찔끔 들어오던 돈이 어느새 굵직한 흐름이 되어 들어온다. 마치 졸졸 흐르던 샘물이 시냇물이 되고, 그 물줄기가 커져서 홍수가 되어 들이치는 느낌이다. 그래서 창업가가 할 일은 졸졸 들어오는 물의 흐름을 소중히 하는 것이다.

나의 실제 경험담을 이야기해보겠다.

나는 샐러리맨 시절부터 연 수입 1억 원은 벌고 있었다. 하지만 현실적으로는 돈을 그리 많이 모으지 못했다. 세금과 집세를 내면 아무리 절약해도 보너스로 받은 돈만 저축하는 정도였다. 창업하기 바로 전해에는 스톡옵션 제도가 생겨서 1년에 5000만 원 정도는 저축할 수 있었다. 물론 적은 수입은 아니었지만, 내 집을 마련할 수 있을 정도로 저축할 생각을 하자 암울해졌다.

그런데 창업 후 사업이 궤도에 오르자 일주일에 3000만 원이 들어오는 상황이 계속 이어졌다. 나도 깜짝 놀랐다. 지금까지 1년은 꼬박 걸려야 모을 수 있던 돈이 1~2주 만에 모이기 시작했다. 전에는 1000만 원을 벌기 위해 2개월 동안 필사적으로 일해야 했는데, 지금은 나도 모르는 사이에 은행 잔고가 불어나 있었다. 예전에는 1000만 원이라는 소리만 들어도 대단하다고 감탄했는데, 지금은 자릿수가 바뀌지 않으면 가슴이 쿵쾅거릴 정도의 큰 감동이 없다.

이런 결과로 알게 된 사실이 있다. 가장 어려운 시기는 바로 제로(0) 상태에서 돈을 벌어야 하는 때라는 것이다. 그다음에는 돈이 기하급수적으로 불어나기 때문에 쉬워진다. 돈이 외로움을 잘 탄다는 말은 사실이다. 마치 돈 자체가 의지가 있는 것처럼 동료들을 모으기 시작한다.

간단한 실험으로도 이런 사실을 증명할 수 있다. 투명한 모금함이 있다고 하자. 여기에 돈을 넣어둔다. 그 안에 잔돈이 들어 있지 않을 때는 모금액이 별로 늘어나지 않는다. 하지만 잔돈이 들어가기 시작하면 모금액이 불어나는 속도는 점점 빨라진다. 지폐를 넣어두면 모금액이 불어나는 속도는 더욱 빨라진다. 쉽게 말하면 잔돈이 마중물이 되어 돈이 점점 모이기 시작하는 것이다.

성공한 사람들은 말해주지 않겠지만, 나는 아직 진정한 성공을 이루지 못한 부자에 불과할 뿐이니 중요한 사실을 말해주겠다. 돈은 사람을 가리지 않는다. 능력이나 인격의 좋고 나쁨에 따라 돈이 모이는 것도 아니다. 단지 돈이 돈을 부를 뿐이다. 억만장자라는 이유만으로 신뢰받는 사람이 있는데, 이는 매우 위험하다. 돈이 많은 것과 인격은 전혀 일치하지 않기 때문이다. 또한 현재 돈을 가지고 있는 것과 계속 돈을 가질 수 있느냐 하는 것도 별개의 문제다.

세상에는 몇 년마다 거액의 사기 사건이 일어난다. 사기꾼이라고 해도 그에게 돈이 모이기 시작하면 모이는 대로 불어난다. '세상에 도움되는 일을 하다 보면 돈은 나중에 따라온다'라고 생각하는 사람에게 돈은 인연이 멀고, 사기꾼에게는 엄청난 돈이 몰린다. '저 사람은 좋은 사람', '저 사람은 나쁜 사람'이라고 돈으로 사람을 판단할 수는 없다.

돈은 돈이 있는 곳으로 모인다.
이것이 돈의 습성이다.

은행 입장에서도 '돈은 돈'일 뿐이다. 통장에 '이것은 좋은 돈', '이것은 나쁜 돈'으로 기재되지 않는다. 좋은 돈, 나쁜 돈에 따른 금리 우대도 없다. 이것이 냉혹한 현실이다.

돈에게 미움받지 않는
돈 사용법

돈은 돈이 있는 곳으로 모인다.

이런 단순한 사실을 전제로 하면 부자가 되는 방법은 쉽고 간단해진다. 반드시 매월 현금이 불어나도록 '돈의 흐름'을 만들면 된다. 이를 어렵게 말하면 '캐쉬 플로우cash flow 경영'이라고 한다. 이 단어를 들어본 적은 있어도 그 본질을 제대로 알고 있는 사람은 많지 않을 것이다.

일반적으로 '캐쉬 플로우 경영'에서는 결산서를 근거로 캐쉬 플로우 계산서(C/F)를 작성한 후 회사의 현재 가치(NPV)가 얼마인지 계산하는 것을 중요하게 여긴다. 그렇지만 이는 재무 지식이지 지혜는 아니다. 계산서 이면에 숨어 있는 '돈의 습성'

을 모르기 때문에 근본적인 잘못을 저지르게 된다.

예를 들어 잔꾀가 많은 경영자는 잠시 흑자를 낸다 싶으면 앞으로도 흑자 내는 상황이 계속될 것이라 생각하고 돈을 빌려 사옥을 짓는다. 그러면 모처럼 돈이 들어오는 흐름이 생겼는데, 나가는 흐름을 만들어버리는 꼴이 된다. 그 결과 자신도 모르는 사이에 돈이 자꾸 빠져나간다. 지금은 사라진 일본장기신용은행이 호화스러운 자사 빌딩을 세우고 몇 년 뒤에 문을 닫은 사실을 봐도 알 수 있다.

돈은 곧 에너지다.
돈이 자꾸 나가면 에너지는 떨어진다.

그렇다면 돈을 쓰면 안 되는 것일까?
남은 것만큼만 쓰면 된다. 이는 이타미 쥬조 감독의 〈마루사*의 여인〉이라는 영화를 보면 잘 알 수 있다. 탈세범을 쫓는 여성 사찰관의 활약을 그린 작품인데, 이 영화에서 탈세범이 돈을 모으는 요령을 고백하는 장면이 나온다.

"뚝뚝 떨어지는 물 아래에 컵을 놓고 물을 받고 있다고 합시다. 목이 마르다고 아직 절반밖에 채워지지 않는 물을 마셔버

---

* 국세청 국세국 사찰부의 통칭. ─ 옮긴이

린다면 이거야말로 최악이지요. 찰랑찰랑 가득 차기를 기다렸다가 마셔도 안 됩니다. 가득 차서 흘러넘치는 물을 핥아가며 참아야 합니다."

이것은 부자의 철학을 응축한 명대사다.

작은 시냇물을 티스푼으로 한 숟가락 뜨는 정도라면 아무런 영향이 없다. 하지만 양동이로 한가득 퍼낸다면 어떻게 될까? 흐름이 바뀐다. 그 후에는 원래대로 되돌리는 것이 어렵다.

벤츠를 사는 것도, 집을 짓는 것도 좋지만, 할부금 지불 액수가 돈이 흐르는 추세에 영향을 주지 않을 정도로 억제해야 한다. '란체스터 법칙'*으로 설명하면, 나가는 돈이 수입의 11퍼센트 이하라면 크게 문제가 되지 않지만, 그 이상이라면 흐름 전체를 바꿔버려 되돌릴 수 없을 정도로 위험하다는 것이다.

사치하지 말라는 이야기가 아니다. 그러나 돈의 흐름을 바꿀 정도로 자제하지 못하고 사치를 하면 돈에게 미움을 받게 된다는 사실을 명심하자.

---

*   Lanchester's laws. 동일 조건에서 전투할 때 수량이 많은 쪽이 절대적으로 유리하며 피해도 적다는 의미로, 다르게 생각하면 한쪽에 너무 많은 에너지를 쓰면 다른 한쪽은 에너지가 떨어진다는 뜻이다. ─ 옮긴이

원하는 만큼
연 수입을 버는 방법

지금까지 설명한 것에 대해 "사장이야 그렇게 하면 되겠지만 저는 월급쟁이라 매달 받는 급여가 정해져 있으니 해당되지 않는 이야기입니다"라고 말할지 모르겠다. 그러나 돈의 원칙은 지위나 직업을 가리지 않는다. 샐러리맨의 연 수입이 오르지 않는 이유는 급여를 '받는 것'으로 착각하기 때문이다.

급여는 '받는 것'이 아니라 '버는 것'이다.
자신의 연 수입은 자신이 결정할 수 있다.

내가 이 사실을 깨달았을 때의 이야기를 해보겠다.

나는 미국으로 유학 가서 경영대학원을 다녔다. 입학 당시만 해도 MBA(경영학 석사)만 따면 취직할 데가 많았고, 연봉 1억 원은 확실히 보장된다고 했다. 그러나 졸업한 해에는 거품 경제가 붕괴되어 취직할 곳도 별로 없었다. 결국 겨우 들어간 회사에서 나는 연 수입으로 7000만 원을 받았다. 하지만 공무원 출신이라 일을 잘하지 못한다는 평가를 받았고, 결국 입사 3개월 만에 정리해고를 당했다. 인생 설계가 물거품이 되는 순간이었다. '나는 왜 정리해고를 당한 거지?' 낙담해서 아무 생각도 할 수 없었다. 너무 힘들고 고통스러웠다.

그러던 어느 날 서점에 들렀는데, 책꽂이에 꽂혀 있는 한 권의 책에 눈이 갔다. 《머피의 성공 법칙》이라는 책이었다. 나는 그때까지만 해도 성공 법칙에 대해 그리 믿음이 가지 않았다. 그러나 그 책을 읽고 충격을 받았다. 책의 내용은 나에게 해당하는 이야기들로 가득했다.

책의 내용을 한마디로 요약하면, 잠재의식의 힘은 대단하다는 것이었다. 잠재의식에 각인되는 것은 자동으로 일어나고야 만다는 이야기였다.

"아, 그렇구나. 내가 정리해고를 당한 이유는, 나이도 어렸지만 회사에서 정리해고를 한다면 내가 첫 번째일지도 모른다는 불안한 생각을 하고 있었기 때문이야. 맞아, 불안하게 생각했던 일이 단지 현실이 되었을 뿐이야!"

앞에서도 이야기했지만, 정리해고를 당한 일은 내 스스로가 결정한 것이라는 사실을 깨달았다. 그 무렵 나는 다시 취직할 곳을 찾기 위해 몇몇 회사에 면접을 보고 있었다. 채용 공고를 보면 직종 구분 없이 연 수입이 대체로 5000만 원, 아니면 7000만 원 정도였다.

내가 생각하는 대로 이루어진다면 연 수입 1억 원을 받는다고 정하는 게 좋겠다고 생각했다. 그래서 나는 연 수입 1억 원이라고 적은 종이를 양복 주머니에 넣고 다녔다. 나의 잠재의식에 1억 원을 각인시키기 위해서였다.

아카사카에 있는 뉴오타니 호텔에서 면접이 있었다. 외국계 회사였기 때문에 고용주가 미국인이었다. 그가 물었다.

"연 수입은 얼마를 원하십니까?"

나는 과감하게 "1억 원입니다!"라고 대답했다. 그동안 받았던 연 수입보다도 40퍼센트 넘게 높인 금액이었다.

몇 주일이 지나 다시 한 번 같은 호텔에서 면접이 있었다. 이때 고용주가 채용 조건을 넣은 봉투를 건네주었다.

"이 조건으로 채용하고 싶습니다. 혹시라도 받아들일 수 없다면 말씀해주세요."

그 자리에서 봉투를 열어볼 용기가 나지 않았다. 그래서 연락하겠다는 말을 전하고 면접장 밖으로 나와서 엘리베이터 문앞에 서서 버튼을 눌렀다. 그러고 나서 참을 수가 없어서 봉투를 뜯었다. 얼마였을 것 같은가? 정확히 1억 원이었다!

"이런, 이런, 머피의 법칙, 진짜였어!"

나도 모르게 주먹을 쥐고 엘리베이터 앞에서 파이팅 포즈를 취했다. 그때 엘리베이터 문이 열렸다. 안에 있던 사람들의 시선은 냉랭했다.

나는 이 경험을 통해 잠재의식이라는 것이 정말로 존재하며, 성공한 사람들은 몇백 년 전부터 이런 활용법을 알고 활용해왔다는 사실을 깨닫게 되었다.

결국 사람은 자신이 생각하는 대로 된다.
연 수입조차 자신이 결정할 수 있다.

연 수입을 자신이 정하지 않기 때문에 벌지 못하는 것이다. 그렇게 연 수입을 벌려고 하지 않기 때문에 바라지도 않는다. 연 수입을 번 후에는 그보다 더 많이 벌 수 있는 일을 하지 않기 때문에 그 연 수입도 유지하지 못하는 것이다.

이상으로 돈의 중요한 습성 3가지를 이야기했다. 복습하면 ①돈에 대한 죄악감을 가지지 말 것 ②돈이 들어오는 흐름을 만들 것 ③자신의 연 수입은 자신이 결정할 것이다. 수입을 늘리기 위해서는 이 3가지 단순한 원칙만 실천하면 되지만, 돈이란 묘한 베일에 싸여 있어 좀처럼 그 본질을 보기 어렵다.

대다수의 사람들은 돈이 전부가 아니라고 생각한다. 나도 본심으로는 그렇게 생각한다. 돈이 없어서 행복하지 않은 사람은 돈이 있어도 행복하지 못한다. 그러나 그렇다고 해서 돈을 부정할 필요는 없다.

부자가 된 후에 알게 된 사실은, 결국 돈이 있어서 행복하다고 느끼게 되는 경우는 아주 사소한 일들을 할 때였다는 점이다. 피곤할 때 돈 걱정하지 않고 택시를 타고, 가족과 초밥을 사먹을 때 2만 원짜리와 4만 원짜리 메뉴 사이에서 가격을 따지지 않고 4만 원짜리 초밥을 선택할 수 있는 것, 공부하고 싶을 때 해외로 나가서 공부할 수 있는 것, 그리고 싫어하는 녀석에게 머리를 숙이지 않아도 되는 것 같은 행복이다.

그리고 돈이 있으면 자유가 생긴다. 이 자유는 그 무엇으로도 대신하기 어렵다. 자유를 사기 위해서 돈이 필수는 아니다. 하지만 분명 편리한 도구다. 그러니 돈을 가지고 있다는 것은 좋은 일 아닌가? 자유로워질 수 있는 엘리베이터가 있다면 그 엘리베이터를 이용하자는 이야기다. 엘리베이터에 타는 것은 그리 어려운 일이 아니다. 그 엘리베이터를 조작하려면 앞에서 설명한 3가지 원칙을 활용하기만 하면 된다.

당신도 돈을 긍정하는 것부터 시작하기 바란다.

CHAPTER 7

제7습관

결단을 내리는
사고 과정을 배운다

부자와
보통 사람의 대화

— 연 수입을 10배로 늘려준다는 게 이 책의 목표였지요. 10
 배라니, 책을 팔기 위해 부풀려 말한다고 생각했어요.

♛ 분명 1년 후에 연 수입을 10배로 늘린다는 것은 말도 안
 되는 목표이긴 하네. 하지만 5년 후라면 어떻게 될 것 같
 은가?

— 거기까지 내다보는 건 괜찮은 것 같아요. 확실히 내가 하
 고 싶은 것을 명확하게 했더니 이런저런 아이디어들이
 많이 떠오르더군요.

♛ 그렇다네. 목표를 명확히 하면 뇌의 안테나를 세우는 것
 이 되기 때문에 필요한 정보가 모이기 시작하지.

— 게다가 초보자라도 아이디어를 팔 수 있는 기술을 배웠

고요. 지식을 여기까지 쌓으면 역시 손쉽게 창업할 수 있겠군요?

♛   창업하더라도 방법이 나쁘면 안 되네. 연 수입을 늘리기 위해서는 숫자가 중요하네.

—   숫자요?

♛   1이라는 숫자는 매우 위험한 숫자야. 세상에는 단순한 법칙이 있지. 한 사람만 섬기는 한 수입은 안정적이지 못해. 샐러리맨은 자신의 고용주 한 사람만 섬기잖는가. 그러니까 수입이 늘지 않는 거라네. 세일즈맨은 많은 고객을 섬기거든. 그래서 우수한 세일즈맨은 수입이 많아지기 마련이지.

—   그렇다면 창업해도 고객의 수가 적으면 수입이 늘지 않을 가능성이 크겠네요.

♛   그렇지. 몇 안 되는 거래처에 부탁하는, 이를테면 하청 말이야. 그러면 안정적이지도 않고 수입도 낮다네. 그래서야 월급쟁이 시절과 다를 게 없다네. 지금까지 상사 눈치만 봤는데, 이제는 고객의 눈치를 봐야 하는 상황으로 바뀌었을 뿐이니까.

—   그렇다면 굳이 창업할 필요가 없겠네요.

♛   그렇지. 창업 붐에 편승해서 무턱대고 창업을 할 필요는

없네. 다만 지금은 '안정'이라는 단어가 대기업에서 근무하는 것이 아니라 이 '숫자'라는 것에 있다네. 복수의 수입원을 갖는 것이 중요하다는 얘기지. 대기업에서 일하는 것은 큰 일을 할 수 있는 훌륭한 기회이기는 하지만, 수입원이 하나밖에 없다는 지극히 불안정한 상황이야. 월급쟁이와 백수의 차이는 급여 명세서 한 장이라네. 자네도 이런 상황에서 벗어났으면 해서 하는 말일세.

— 저도 전부터 창업하고 싶은 생각은 있었는데, 결단을 내릴 수가 없었어요.

♛ 실제로 창업하겠다고 말은 하면서 5년이고 10년이고 하지 않는 사람들이 많지.

— 창업할 수 있는 사람과 하지 못하는 사람의 차이를 뭐라고 생각하세요? 역시 결단력일까요?

♛ 그 결단이라는 게 또 환상이라네. 결단을 내리지 않으면 안 된다고 생각하는가? 과감해야 한다면서 말이야.

— 그렇게 배웠으니까요. 과감한 결단이 중요하다고.

♛ 그렇긴 하지만, 딱 잘라 결단을 내리지 못하는 게 인간이라는 동물이야. 회사를 봐도 알 수 있지 않은가. 회의실에서는 결단을 내려야 한다고 강조하면서, 문을 나서는 순간 그런 일은 깨끗이 잊어버리지. 결단을 내릴 수 있다면

은행의 부실채권 문제는 벌써 정리됐을걸.

— **그래도 과감하게 결단을 내리려면 어떻게 하면 될까요?**

♔ 그건 간단해. 결단을 내리기까지의 사고 과정을 배우는
거야. 이 방법을 알면 벽에 막혀서 고민하는 일은 없어질
걸세.

성공 법칙 덕후가
성공할 수 없는 이유

성공 법칙을 배웠는데 왜 성공하지 못하는 것일까?

단순한 이야기다. 성공 법칙을 배우면 긍정적으로 사고할 수는 있다. 그런데 성공하기 위해서는 사고만으로는 부족하다. 행동하지 않으면 안 된다. '성공하면 좋겠다'라는 마음은 누구나 있다. 하지만 '성공하면 좋겠다'와 '성공을 향해 행동한다' 사이에는 커다란 차이가 있다.

행동한다는 것은 '현실 세계에 발붙인다'라는 의미다. 간단히 말하면 제대로 돈을 번다는 얘기다. 프리터는 좋아하는 일은 하지만 돈을 많이 벌지 못한다. 그래서 프리터는 수입도 확실하게 확보해야 한다. 프로 창업가는 돈은 나중에 따라온다는 태도로 임할 게 아니라 지금 당장 돈을 벌어야 할 의무가 있다. 그래서 중요한 것은 실천, 즉 행동이다.

이 책에서는 실천 사항으로 연 수입을 10배로 늘린다는 구체적인 목표를 내걸었다. '연 수입을 10배로 늘린다'라는 말은 정말이다. 거들먹거리거나 유별나서 하는 말이 아니다. 내 이야기를 들은 모든 사람들이 그것을 목표로 삼지 않아도 상관없다. 그런 일은 확률적으로도 있을 수 없다. 하지만 한번 해보자고 행동하는 사람이 몇 명만이라도 나온다면 대단한 거다.

책을 읽고 실행에 옮길 수 있는 사람은 대체로 10명 중 1명이다. 9명은 평론가라도 된 듯 아무것도 하지 않는다. 유감스럽지만 이런 사람들의 현실은 어떻게 굴러가도 달라지지 않는다.

행동만이 현실을 바꾼다.
행동하는 사람은 목표를 실현할 확률이 비약적으로 높아진다.

이 책이 10만 부 팔렸다고 하자. 그러면 그중의 10퍼센트, 많이 잡아 1만 명 이상이 행동으로 옮겨 수입을 늘려가기 시작한다. 80/20의 법칙을 적용해서 8000명이 연 수입을 2배로 늘리고, 2000명이 10배로 늘렸다고 하자. 현재 연 수입 평균이 5000만 원이라고 하면 적어도 1조 3000억 원의 경제 효과가 있다. 수입이 1조 3000억 원 늘었다는 것은 적어도 2배 이상의 매출을 올린 셈이니까, 그에 따른 경제 효과는 3조 원에 이르게 될 것이다.

과장된 이야기로 들릴 것이다. 하지만 이런 이야기를 하는 사람이 없다면 지금 절벽에서 굴러떨어지고 있는 경제에 누가 제동을 걸 수 있겠는가? 주변을 둘러보기 바란다. 나라의 경제를 바꿀 수 있는 것은 대기업 간부도 정치가도 아니다. 누가 이 상황을 바꿀 수 있겠는가?

"…나?"

그렇다.

"나라고?"

그렇다. 당신이 하는 거다. 이것을 '자각自覺'이라고 한다. 자기 자신에 대해 눈을 뜨는 것이다.

창업가들 한 사람 한 사람이 자각하고, 그 열정적인 에너지가 모였을 때 낡은 현실이 새로운 현실로 바뀐다. 거시적인 경제 효과는 제쳐두고라도 적극적으로 살아간다는 그 자체가 즐거울 것이라고 생각한다. 그러니까 당신도 연 수입 5억 원, 10억 원을 목표로 삼는 것을 생각해보기 바란다. '10배는 좀 무리'라고 생각하는 사람은 2배라도 좋다. 뭐든 자유롭고 풍요로워지는 것을 선택하기 바란다. 연 수입을 늘리는 것은 복권에 당첨되는 것보다 단연코 쉬운 방법이니까.

현재의 좋은 면과
미래의 나쁜 면 사이에서

연 수입을 10배로 늘리는 것은 연 수입 5000만 원을 5억 원으로 늘린다는 뜻이다. 이 수입은 한 번으로 끝나지 않고 지속되도록 노력해야 한다.

이 경우 생각할 수 있는 선택지는 2가지뿐이다. 창업가로 나설 것인가, 아니면 권총을 들고 은행으로 갈 것인가? 답은 이미 알고 있다. 창업가로 사는 것이다. 그런데 선뜻 결단을 내리지 못한다. 거기에는 이유가 있다.

결단을 내릴 경우에는 일반적으로 현재에서 미래를 향해 과감한 행동을 취할 것을 강요받는다. 그러나 인간은 결과를 예측할 수 없는 새로운 행동을 하기가 매우 어렵다. 안전지대Safe

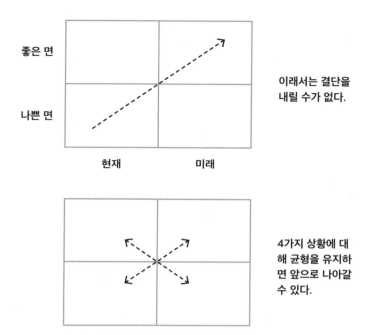

좋은 면

나쁜 면

현재   미래

이래서는 결단을
내릴 수가 없다.

4가지 상황에 대
해 균형을 유지하
면 앞으로 나아갈
수 있다.

폴 쉴리의 《자연적 천재성Natural Brilliance》을 바탕으로 작성함.

Zone를 벗어나기가 두렵다. 왜냐하면 우리 마음의 구조가 그림
과 같기 때문이다.

현재에는 '좋은 면'과 '나쁜 면'이 있다. 미래에도 '좋은 면'과
'나쁜 면'이 있다. 이렇게 4가지 영역이 있음에도 불구하고 대

다수의 사람들은 현재의 '나쁜 면'에서 미래의 '좋은 면'으로 바로 이동하는 경우만을 생각한다. 즉 왼쪽 아래에서 오른쪽 위로 이동할 것을 결단하라고 스스로를 압박한다. 그러면 현재의 '좋은 면'은 모두 버려야만 하고, 미래의 '나쁜 면'에서 오는 불안은 떨치지 못한다. 현재의 '좋은 면'과 미래의 '나쁜 면'이 자신을 붙들고 말리니까 이러지도 저러지도 못하면서 앞으로 나아가지 못한다. 나아가다가 벽에 막히는 근본 원인이 이 때문이다.

예를 들어 당신이 회사에서 나와 독립하려 한다고 치자. 이런 새로운 행동을 할 경우 반드시 그에 반대하는 의견이 나온다. 미래의 '좋은 면'은 창업해서 성공할 경우 연 수입이 천정부지로 늘어나고 시간도 자유롭게 사용할 수 있다는 것이다. 반대로 미래의 '나쁜 면'은 당분간 수입이 줄어들거나 없어서 어려워지고, 실패할지도 모른다는 불안에 휩싸인다는 것이다. 이처럼 서로 상반된 감정이 진자처럼 이리저리 왔다 갔다 할 것이다. 그래서 사고 정지 상태가 되고 만다. 이렇게 벽에 막히는 상황은 누구나 한 번쯤은 경험해보았을 것이다.

이런 진자 상태는 왜 일어날까? 엘리베이터를 떠올려보면 쉽게 이해할 수 있다. 엘리베이터를 움직이게 하기 위해서는 같은 중량의 추를 달아서 추가 내려가면 엘리베이터가 올라가고, 엘리베이터가 내려가면 추가 올라가게 한다. 팔 근육도 위쪽 근육이 수축하면 아래쪽 근육은 이완되고, 아래쪽 근육이 수축하면 위쪽 근육이 이완된다.

인간의 마음도 이와 같은 구조로 되어 있다. 인간이 어떤 일을 결정하는 경우에는 추진하는 입장과 그와 맞서는 입장이 반드시 생기게 된다. 이런 구조로 되어 있기 때문에 인간은 양쪽 입장을 모두 고려한 다음 이성적인 결정을 할 수 있는 것이다. 한쪽 힘만 작용하면 오히려 잘못된 판단을 내리거나 위험해진다.

예를 들어 '슈퍼맨처럼 날 수 있으면 좋겠다'라고 생각한 순간 빌딩에서 뛰어내리는 빠른 결정을 한다면 목숨이 몇 개라도 부족할 것이다. 그래서 우리가 결단을 내릴 때는 언제나 이율배반적인 감정이 생겨서 마음이 진자 상태가 되는 것이다. 이러한 이율배반적인 감정을 분별하여 결단을 내리지 못하면 벽에 막혀 나아가지 못하고, 진자 상태인 채로 5년이고 10년이고 세월만 보내게 된다.

이러한 감정의 자연스러운 작용이 있음에도 불구하고, 전형적인 자기계발 세미나에 가보면 '긍정적으로 사고하라!', '과감하게 결단을 내려라!'라며 현재 처한 상황을 부정하도록 유도한다. 그러면 일시적으로 '그래, 해보는 거야!' 하며 의욕이 생기지만, 세미나 참가 후 3일만 지나도 그런 열의는 식어버리고 도로아미타불이 된다. 그래서 긍정적인 사고를 유지하기 위해 세미나 중독이 되기도 한다. 결국 결단을 내릴 때는 진자 상태를 인식하고 막다른 골목에서 스스로 타개해나가는 사고 과정을 배우는 것이 무엇보다도 중요하다.

결단을 내리기 위한
시나리오를 만드는 과정

진자 상태를 해결하고 앞으로 나아가기 위해서는 어떻게 하면 좋을까?

당신이 과거에 결단을 내렸던 경험을 떠올려보면 알 수 있다. 결단을 내리는 것이 주위 사람들에게는 딱 잘라서 재빨리 결론을 내리고 행동하는 것처럼 보이지만, 그 이면에는 수백만 가지의 면밀한 사고 과정이 있다. 사실은 결단을 내리기 위해 실현하고 싶은 상황에 이르기까지의 시나리오를 짜고 있는 것이다. 요컨대 현재의 '좋은 면'을 최대한 남겨두고, 동시에 미래의 '나쁜 면'을 최소화하고 미래의 '좋은 면'을 수확하는 방법을 모색하는 것이다.

그 예로 내가 창업하겠다고 결단했을 때의 사고 과정을 이야기해보려 한다. 나는 내 집을 짓고 싶다는 소망이 있었다. 그런데 주택 융자금을 30년 동안이나 갚아야 하는 인생은 변덕스러운 내 성격을 생각하면 가장 나쁜 선택이다. 그래서 창업해서 어떻게든 돈을 벌고 싶었다. 소망을 이루겠다는 결단을 내렸을 때, 내 머릿속에는 다음의 4가지 감정이 생겼다.

1. 미래의 '좋은 면'에 대한 감정

창업해서 수입이 많아지고 집을 살 수 있다면 가족이 기뻐할 거야.

2. 미래의 '나쁜 면'에 대한 감정

지금은 전대미문의 불황이라는데, 이런 불황 속에서 창업을 한다는 건 마치 폭풍우 속으로 뛰어 들어가는 것과 같지 않을까?

3. 현재의 '좋은 면'에 대한 감정

샐러리맨으로 1억 원 이상의 수입은 되니까 지금 굳이 무리하지 않아도 되는 것 아닐까?

4. 현재의 '나쁜 면'에 대한 감정

지금 일은 점점 힘들어질 거야. 월급이 많아지면 정리해고 위험도 더 커지는 법이지. 평생 불안해하면서 회사 생활을 해야 할지도 몰라.

먼저 앞의 4가지 감정을 객관적으로 인식한다. 그다음 각각의 감정에 대한 대응 방법을 모색한다. 지금 돌이켜보면 당시 내 머릿속에 맴돌던 질문들과 대답은 다음과 같았다.

Q. 현재의 '좋은 면'은 어떻게 유지할 것인가?
A. 아직 이 회사에서 못다 한 일이 남아 있다. 그 일을 꼼꼼히 처리하면 다음 일을 하는 데 도움이 될 것이다. 그렇다면 다이렉트 마케팅*을 철저히 파악하는 것이 좋겠다. 그러면 다음 일을 순조롭게 시작할 수 있을 것이다.

Q. 미래의 '나쁜 면'은 어떻게 회피할 것인가?
A. 지금 퇴직한다면 회사 사정 때문이니 규정보다 많은 퇴직금이 나올지도 모른다. 좋아, 인사팀에 문의해보자.

Q. 미래의 '좋은 면'은 어떻게 최대화할 것인가?
A. '하기 싫은 일'은 절대로 하지 말자. 그러기 위해서는 절대로

---

* direct marketing. 카탈로그, DM, 전화 등을 이용해 소비자에게 상품 정보를 알리는 판매 촉진 방법. ─ 옮긴이

실패할 수 없는 비즈니스 모델로 창업해야 한다. 자금 3000만 원을 투자하고 이 돈을 다 쓰면 즉시 그만두자.

이렇게 궁리하면서 현재의 '나쁜 면'과 미래의 '좋은 면' 사이에서 양자택일하는 결단이 아니라 '제3의 길'을 모색한다. 4가지 감정에 대해 전체 균형을 잡는 것이다. 제일 먼저 어느 것부터 시작하고 그다음에 무엇을 할지에 대한 시나리오를 짠 후에야 비로소 행동으로 옮길 수 있다.

결단을 내리기 위해 이러한 사고 과정이 필요하다고 하면 다음의 3가지 반론이 있을 수 있다.

첫째, '현재의 좋은 면을 유지하려고 하니까 좀처럼 결단을 내리지 못하는 것 아닌가? 그런 생각을 깨끗이 버려야 성공하는 것 아닐까?'이다.

결단력 있는 사람은 미련 없이 결단을 내리는 것처럼 보인다. 그러나 겉으로만 그렇게 보일 뿐이다. 스즈키 이치로(시애틀)나 노모 히데오(보스턴 레드삭스) 같은 야구 선수들도 일본에 있었다면 편하게 지낼 수 있었을 것이다. 하지만 그들은 그동안의 실적을 미련 없이 버리고 미국으로 건너가 제로 상태에서 다시 시작했다. 선뜻 결단을 내린 것처럼 보이지만, 그들은 여러 가지 문제들에 대해 상당한 고민을 했을 것이다. 앞서 말한

4가지 감정에 대해 스스로 균형을 잡으며 승산이 있다고 여겼기 때문에 결단을 내렸을 것이다. 결단력 있는 사람은 무의식적으로 이 균형을 잡을 줄 아는 사람이라고 해도 좋다.

둘째, '좋은 면과 나쁜 면을 저울질한다는 것은 이해타산적으로 사는 것 아닌가?' 하는 반론이다.

'하고 싶은 일'을 확실하게 파악하지 못한 채 손익 계산만 하면서 사는 사람은 지금 다니고 있는 회사의 '좋은 면'만 챙기면 된다고 착각하는 경우가 있다. 내가 보기에 그런 사람은 창업해도 실패할 확률이 높다. 하지만 '하고 싶은 일'이 명확한 사람은 다음 단계로 나아가기 위해 지금 하는 일에 진지하게 임하며 모든 열정을 불태운다. 이런 각오가 되어 있는 사람이 4가지 감정에 대해 균형을 잡을 수 있다면, 막다른 상태를 뛰어넘고 목표에 이르는 길을 개척할 수 있게 된다.

셋째, '애초에 시나리오를 짜지 못해서 곤란한 것 아닌가?' 라는 반론이다.

시나리오를 짜지 못하는 이유는 명확하다. 지금까지의 질문이 좋지 않아서 답이 나오지 않았기 때문이다. 적절한 질문을 하지 못하면 적절한 답도 얻을 수 없다. '창업할 것인가, 아니면 지금 하는 일을 계속할 것인가?'라는 양자택일을 요구하는 질문만 하면 당연히 답이 나오지 않는다.

일단 긴장을 풀고 마음을 편안히 한다. 그리고 감정의 흔들림을 객관적으로 인식한다. 나는 어디와 어디 사이에서 흔들리고 있는가? 현재의 '좋은 면'을 유지하면서 미래의 '좋은 면'도 얻으려면 어떻게 해야 하는가? 미래의 '나쁜 면'을 피하기 위해서는 어떻게 하면 좋은가? 이처럼 자신이 느끼는 감정을 나눠서 질문하면 시나리오를 짤 수 있다. '두 마리 토끼를 잡으려다 둘 다 놓친다'라는 속담이 있지만, 그런 일은 시나리오가 없는 경우에 일어난다.

시나리오란 결국 순서를 말한다. 먼저 무엇을 하고, 그다음에 무엇을 할 것인가? 이 순서를 정하면 돌파구가 열린다.

미래로부터 역산해
현재의 행동을 결정한다

시나리오를 짠다는 것은 목표 달성을 위해 매우 중요한 작업이다. 내가 하고 있는 효과적인 시나리오 작업 방법을 소개하겠다. '시각화'라는 테크닉을 사용하는 것인데, 누구나 간단하게 할 수 있으며 매우 효과적인 방법이다.

벽에 부딪혀 앞으로 나아가지 못하는 상태를 타개하기 위해서는 지금까지 생각지 못했던 새로운 해결책을 찾아야 한다. 그래서 새로운 발상이 생기기 쉬운, 막 잠이 들 찰나를 이용해 연습한다. 목적은 현재 상황과 실현하고 싶은 상황 사이에 존재하는 차이를 메워가는 과정을 쫓아가 보는 것이다.

그럼, 해보자. 잠들기 전에 자신의 목표에 대해 생각한다. 침

대에 누워 눈을 감는다. 나의 목표는 언제 실현되면 좋을까? 반 년 후? 1년 후? 아니면 2년 후? (여기서는 2년 후에 실현되는 것으로 생 각하자.)

눈을 감고 어두운 복도에 서 있는 상황을 상상한다. 천장은 높고 서 늘하다. 주변의 벽은 전부 바위다. 아무래도 지하에 있는 것 같다. 복도를 따라 안쪽으로 걸어간다. 벽에는 촛불이 켜져 있고, 그 불 빛이 아른거린다.

복도 안쪽 끝에 이르니 엘리베이터가 나온다. 지금까지 본 적 없 는 거대한 엘리베이터가 바로 눈앞에 있다.

엘리베이터 안으로 들어가자 4개의 버튼이 있다. 흔히 보는 엘리 베이터처럼 '올라가기'와 '내려가기' 버튼, '미래'와 '과거' 버튼이 있다.

'미래' 버튼을 누르자 거대한 문이 스르륵 닫히고, 엘리베이터가 소리를 내면서 움직이기 시작한다. 엘리베이터는 2년 후를 향해 간다.

얼마 지나자 엘리베이터가 멈춘다.

문이 열리자 그곳은 천장이 높은 파티장이다. 멋진 샹들리에가 걸려 있다. 이곳에서는 당신의 목표 실현을 축하하는 성대한 파 티가 열리고 있다. 많은 사람들이 정장을 입고 모여서 즐겁게 이 야기를 나누고 있다. 당신이 도착한 것을 알자 성대한 박수 소리가 터져 나온다.

자, 주위를 둘러보자. 이곳에는 도대체 누가 있는가? 도대체 어떤 말로 당신의 성공을 축하하며 환호하고 있는가? 아, 성공이란 기분 좋은 것이구나. 그 성취감을 느껴본다.

잠시 후 한 사람이 사람들 사이를 가르며 당신에게 다가온다. 자세히 보니 '2년 후의 나'다. 2년 후의 나는 만면의 미소를 띤 얼굴로 말을 걸어온다.

"이야, 정말 잘 왔어. 자네가 오기를 내내 기다렸다네."

2년 후의 나는 계속 말을 잇는다.

"오늘 나는 2년 전에 세운 목표를 실현했다네. 내가 목표를 어떻게 달성했는지 자네에게 꼭 들려주고 싶네. 괜찮지? 잘 들어보게."

그는 2년 뒤의 미래로부터 시간을 거슬러 상세히 말해주었다.

어제는 …를 했다. 일주일 전에는 …를 했다. 3주일 전에는 …를 했다. 1개월 전에는 …를 했다. 반년 전에는 …를 했다. 1년 전에는 …를 했다. 그리고 2년 전에는 …를 했다.

그는 말했다.

"그래. 바로 2년 전 오늘 나는 어떤 결정을 했다네. 목표를 향해 나아갈 것을 선택했던 거지. 그것은 작은 한 걸음부터 시작되었다네. 그 작은 한 걸음은 정말 쉽게 내디딜 수 있었어. 하지만 그 한 걸음이 없었다면 오늘의 나는 없었을 걸세. 내가 자네를 계속 기다렸던 이유는 그 작은 한 걸음을 가르쳐주고 싶었기 때문이라네. 그 첫걸음은…."

당신이 그 첫걸음에 대한 이야기를 듣자, 현재와 미래가 이어졌다.

"그렇구나. 그랬었구나. 그렇게 목표를 실현했구나. 별로 어렵지 않네!"

당신은 2년 후의 자신에게 정중하게 감사의 인사를 전한다.

"고맙네. 정말 고마워."

당신은 다시 엘리베이터로 돌아간다. '현재' 버튼을 누른다.

엘리베이터 문이 닫히고, 당신은 현재로 돌아온다.

이상과 같이 스토리를 활용해 발상을 넓히고, 행동으로 옮겨야 할 단계와 나아가야 할 과정 등을 명확히 해두는 것이다. 벽에 막혀 앞으로 나아가지 못하는 상태는 미래로 이어지는 과정이 보이지 않을 때 일어난다. 따라서 미래로부터 역산해 현재의 행동을 결정하면 벽에 막히는 상황을 제거할 수 있다.

이런 연습을 하다 보면 행동력이 따르는 시나리오를 짤 수 있게 된다. 행동은 머리에 그려진 이미지에서 나오기 때문이다. 반대로 말하면 머릿속에 이미지가 없는 것은 실행으로 옮길 수가 없다.

중요한 것은 연습으로 얻어진 어떤 작은 단계라도 좋으니 첫걸음을 내딛는 행동이다. 첫걸음을 떼면 그 반동으로 두 번째 걸음은 쉬워진다. 그리고 세 번째 걸음은 훨씬 더 쉽다. 이와 같이 시나리오 짜는 것을 습관화하면 목표를 달성하기 위한 길은 하나가 아니라는 사실을 깨닫게 될 것이다. 당신이 성공에 이르기 위한 길은 무한히 활짝 열려 있다.

CHAPTER 8

제8습관

성공에는 빛과 그림자가
있음을 기억한다

내가 알지
못했던 것들

사실 8번째 습관은 쓸 예정이 없었다. 모처럼 성공하려고 애쓰는 당신에게 찬물을 끼얹는 꼴이 될지도 모르기 때문이다. 그러나 이런 부담감을 감수하면서까지 이야기하는 이유는 만일 당신이 모르고 있다면 미래에 커다란 잘못을 저지를 가능성이 있기 때문이다.

지금까지 소개한 성공 법칙은 단순하다. 제1습관부터 제3습관까지, 즉 명확한 목표를 가지고 잠재의식에 프로그래밍하기만 해도 당신은 자동 추적 장치를 부착한 미사일처럼 목표를 향해 날아갈 수 있다. 누구라도 성공할 수 있도록 해야 할 일들은 최소한으로 간추렸다. 그래서 다시 한 번 강조해두고 싶다.

> 한마디로 말해, 연 수입이 10배로 늘어나면
> 행복을 얻을 수 있다고 생각하는 것은 큰 오산이다.
> 인생은 그렇게 호락호락하지 않다.

일반적인 성공 법칙에서는 부자가 되어 성공하면 디 엔드the end다. 그것으로 끝이란 말이다. 하지만 운 좋게도 나는 요코하마 국립대학교 조교수인 호리노우치 타카히사 선생님의 가르침을 받았다. 사실 성공에는 다크 사이드(dark side, 어두운 이면)가 있다는 가르침이다.

성공한다는 것은 일반적으로 '빛이 내리비치다'라는 의미로 받아들여지고 있다. 하지만 빛이 내리비치면 그림자가 짙어진다. 그리고 그 그림자는 성공해가는 과정에서부터 이미 짙어지기 시작해 당신의 가장 약한 부분에서 확실히 드러난다.

그림자라니 도대체 그게 무엇일까? 병에 걸리거나, 사고가 나고, 가족 관계가 파탄 나거나, 인간관계에 트러블이 생길 수도 있다. 사기를 당할 수도 있고, 가장 신뢰하던 사람에게 배신을 당할 수도 있다. 나는 이런 대답을 들었을 때 말 그대로 얼어버렸다. 헐! 이렇게 중요한 것을 나만 몰랐단 말인가!

빛과 그림자. 이런 관점에서 보면 실제로 수긍되는 부분이 있다. 연예인을 예로 들어보자. 어떤 가수가 가장 행복한 순간에 어머니가 살해당했다는 충격적인 뉴스를 접한다. 인기 절정일 때 자살을 하거나 사기를 당해 전 재산을 잃는 경우도 있다. 이런 소식들은 끊임없이 들려온다.

경영자도 마찬가지다. 천재 경영자로 칭송받다가 갑자기 나락으로 떨어지거나 병으로 죽는 경우도 있다. 연 매출 1억 원에서 5억 원의 유통 그룹으로 키워낸 전 야오한 그룹의 회장 와다 가즈오 씨는 성공의 절정에서 완전히 도산하고 말았다. 그 정도로 훌륭한 경영자가 운영했던 회사가 왜 도산했을까?

나는 그 이유를 알고 싶어 와다 씨를 직접 만났다. 그는 세이쵸 노 이에(종교법인)의 가르침을 경영의 근간으로 삼고, 그 가르침을 실천하는 비즈니스를 해왔다. 그를 만났을 때, 어두운 그늘이라곤 전혀 찾아볼 수 없을 정도로 정말 깨끗한 마음을 가진 사람이라는 인상을 받았다. 아무리 성공해도 오만하거나 자만할 성격이 아니었다. 그런 사람조차 전 세계의 매스컴들이 '세계 굴지의 야오한'이라고 치켜세우자 교만한 마음이 싹텄다고 한다.

그렇다면 나처럼 적당히 사는 인간은 이대로 순조롭게 잘될 거라고 생각하는 것 자체가 잘못이다. 그런 일은 있을 수 없다. 나는 부자가 되면 그것으로 게임 끝이라고 생각하고 있었다. 그런데 그게 아니었다. 게임 끝이라고 생각한 바로 그 순간에 처음 상태로 되돌아갈 수 있다는 것을 명심해야 한다.

돈이 없을 때부터 돈을 벌기까지는 '악의 감정'이 큰 도움이 된다. 학력이 모자라서 당한 수모를 갚아주겠다, 가난해서 당한 치욕을 갚아주겠다, 집을 짓겠다, 포르셰를 사겠다 같은 욕구는 거대한 에너지가 된다.

그라운드 제로*에서 이륙하기 위해서는 에너지가 필요하다. 성공을 향해 고군분투하고, 가족을 행복하게 해주기 위해 일에 전력을 다한다. 이런 사람을 보면 참 대단하다는 생각이 든다. 그런데 성공을 향해 달려 나갈 때 이미 실패의 싹은 자라나기 시작하는 것이다.

나는 몰랐다. 이런 기초적이고도 당연한 것을 모를 정도로 무지했다. 다행스럽게도 나는 성공한 사람들을 인터뷰하면서 상세한 이야기를 들을 기회가 많았다. 선배들의 지혜 덕분에 아직까지는 그림자가 분출되는 것을 미연에 방지하고 있다고 생각한다. 다만 내가 성공을 향해 달려왔던 과정에는 반성할 점들이 많이 있었다. 그중에서도 특히 중요하다고 생각되는 것 3가지는 당신도 알았으면 좋겠다.

첫째, 완벽을 지향하지 말 것.

세상에 완벽한 것은 없다. 그러니 완벽을 지향하려고 애쓰지

---

*   ground zero. 폭탄의 낙하 지점. - 옮긴이

않아도 된다. 불완전함과 애매함도 허용해야 한다.

회사도 인생도 전부 100퍼센트 완벽할 수는 없다. 100퍼센트 완벽하다면 오히려 어딘가에서 그림자가 분출하고 있다고 생각하고 조심하는 게 좋다. 집도 좀 더러운 정도가 좋다. 가정은 약간은 불만스러운 정도가 좋다. 회사도 어느 정도 불만스러운 정도가 딱 좋다. 앞면이 있다면 뒷면도 있다는 얘기다. 넘쳐나는 그만큼 모자란 부분이 나온다. 그러므로 땍땍거리며 신경질 부리지 말고 마음을 편하게 하는 것이 좋다.

둘째, 당연한 이야기지만 가족을 소중히 할 것.

가족은 나의 그림자를 보여주는 존재다. 가족 중 누군가가 내 마음에 들지 않는 면이 보인다면 그것이 거울에 비친 내 모습임을 알아야 한다. 가족이 함께 사는 것은 서로가 서로에게 배울 것이 있기 때문이다. 상대방의 싫은 면을 볼 때마다 나는 무엇을 배워야 하는지를 생각해야 한다. 그것을 배우지 못하면 똑같은 일이 반복해서 일어나게 된다.

셋째, 번 돈을 유용하게 사용할 것.

돈을 벌면 벌수록 그 돈을 어떻게 사회로 환원할 것인가에 대해 진지하게 생각해야 한다. 외국의 자산가들은 수입의 10퍼센트는 반드시 기부하는 습관이 있다. 자선 사업에 돈(에너지)을 되돌리는 일은 그림자가 진해지는 것을 조절하는 역할을 한다. 이른바 기부를 통해 재물을 정화하는 것이다.

그런데 '기부를 해야 한다'라고 말하기는 쉽지만 실행하기는 어렵다. 우선 제대로 기부할 수 있는 단체를 찾는 것이 매우 힘들다. 공무원이 낙하산 인사로 임명된 단체에는 인간적으로 한 푼도 내고 싶지 않을 것이다. 또 ATM 기기에 기부 금액을 입력할 때까지는 괜찮은데, 확인 버튼을 누르는 순간에 멈칫하게 된다. 버튼을 누르려고 하면 손이 얼어붙는다. 그 순간 돈을 벌면서 고생했던 기억이 주마등처럼 스쳐 지나간다. 나는 몇 번이나 ATM 기기 주위를 빙빙 맴돌았던 적이 있다.

별도로 기부하는 것이 돈을 보람 있게 활용하는 방법도 아니다. 기부한 고아원을 방문해 '내가 베풀었다'라는 태도를 드러내고 싶지만, 그러고 나면 위선적인 자신의 모습에 부끄러워지기도 한다.

또 기부금이 사적인 욕심을 채우는 이들의 호주머니로 들어간다면, 나는 차라리 스스로 에너지를 철저히 연소시키는 편이 낫다고 생각한다. 쉽게 말하면, 자신이 가장 잘할 수 있는 분야에 개인 재산을 투입해서 어떻게 하면 사회에 공헌할 수 있는지 진지하게 생각하고 실행하라는 것이다.

마지막으로, 내가 샐러리맨에서 독립한 지 2년 만에 10배가 넘는 연 수입을 벌면서 배운 것이 있다. **중요한 것은 역시 돈이 아니다. 새로운 자신과의 만남이다.**

돈이 있건 돈이 없건 행복과는 관계가 없다. 지금까지 자신을 얽매고 있던 틀을 제거하면 지금까지 보이지 않았던 현실이 열린다. '이것이 행복이야' 하면서.

이런 당연한 사실을 깨닫기 위해 나는 상당히 먼 길을 돌아왔다. 당신도 틀림없이 먼 길을 돌아가리라 생각한다. 그래서 나는 이것을 알려주고 싶었다. 선배들로부터 가르침을 받은 귀중한 지혜를 헛되게 하지 않기 위해. 그리고 당신이 비상식적으로 자유롭고 풍요로운 생활을 누리면서 마음을 성장시킬 수 있도록 도와주기 위해.

부자와
보통 사람의 대화

5

— '빛과 그림자' 이야기는 철학적이네요.

♛ 물론 그럴지도 모르지. 나도 어디까지가 진실인지는 잘 모른다네. 단지 그런 구조로 되어 있다면 알고 있는 게 좋 겠다고 생각했을 뿐이야.

— 성공이란 도대체 무엇일까요? 아무리 성공해도 백지로 되돌아가는(all clear) 경우가 있다는 거지요?

♛ 그렇다네. 하지만 매번 다른 현실을 겪게 된다고 생각하 네. 예를 들면 게임에서 한 화면을 끝내면 그다음 화면이 나오는 것과 비슷한 거지.

— 아, 게임이요? 매번 난이도가 높아지고 새로운 장면이 펼 쳐지지요. 그런데 이 게임은 언제까지 계속되는 걸까요?

성공하면 편해질 거라고 생각했는데요.

♛ 금전적인 성공은 그저 첫 단계에 불과하다네. 돈을 벌고 싶다면 솔직히 이 책에서 하라는 대로만 하면 간단한 일이지. 나 또한 자네가 돈을 벌었으면 좋겠어. 돈을 벌면 자네가 풍요로워지고 보다 많은 사람을 도와줄 수 있으니까. 그리고 돈을 버는 것은 다음 단계로 나아가기 위한 아주 좋은 수단이 된다고 생각하네. 하지만 돈을 벌었다고 해서 거기서 게임이 종료되는 것은 아니라네. 더 많은 과제가 주어지거든.

— **어떤 과제가 주어지는데요?**

♛ 그거야 모르지. 내가 아는 것은, 살아 있는 한 문제는 계속 발생한다는 사실이지. 이제 남은 인생을 아무 탈 없이 평안하게 살 수 있을 거라며 은퇴했는데, 곧바로 다음 시련이 찾아오거든. 아니면 바닷가 해변에 호화스러운 저택을 짓자마자 쓰나미가 덮쳐 집을 휩쓸어 가버린다거나 말이야.

— **하지만 생각해보면 평생 아무 어려움 없이 평화롭게 산다면 천국이나 마찬가지니까 살아 있을 가치가 없을지도 모르겠네요. 그렇다 하더라도 어째서 이런 구조로 되어 있을까요?**

♕ 결국, 우주는 우리랑 놀고 있다는 생각이 드네.

— 그게 무슨 뜻이죠?

♕ 재난을 당했다고 생각했는데 대성공으로 이어지거나, 대성공이라고 기뻐서 어쩔 줄 몰라 하면 함정을 파놓기도 하지. 딱히 악의는 없다고 생각하지만, 아무튼 놀기를 좋아하는 거지.

— 우주는 어째서 우리 일에 쓸데없이 참견하는 걸까요?

♕ 그것은 지금 이 순간을 행복하게 보내는 방법을 배우는 게임을 하고 있기 때문이지. 그러니까 우리가 열심히 놀아주면 우주도 그만큼 같이 놀아줄 거라는 얘길세.

— 간다 씨, 왠지 일반적인 성공 법칙처럼 들리는데요. 비상식적인 성공 법칙이 아니었나요?

♕ 그건 말이야, 내 이야기도 거의 끝나가고 있잖나. 여기까지 왔다면, 자네도 차트의 오른쪽 위로 향하고 있는 거야. 그래서 일반적인 성공 법칙, 즉 성공한 사람들이 말하는 바람직한 마음가짐에 대해 이야기하고 있는 거지.

— 음, 아직도 멀었다고 생각해요. 금전적으로도 성공하지 못했고요.

♕ 하지만 그건 결코 어려운 일이 아니라네. 자네는 이미 행복해지는 것이 가장 중요하다는 교훈을 배웠으니까 말일

세. 나는 여기까지 오기 위해 아주 멀리 돌아왔거든.

— 그래도 정말 괜찮을까요? 이 책의 내용대로만 하면 정말
성공할까요?

♛ 그 비결을 가르쳐줄까?

— 네, 부탁합니다.

♛ Trust yourself!

자기 자신을 믿어라

"Trust yourself!"
자기 자신을 믿어라.

　자기 자신의 힘을 믿으세요. 자신의 힘이 무한하다는 것을 믿으세요. 그렇게 하자마자 당신의 눈앞에 무한한 가능성이 펼쳐질 것입니다. 새로운 현실이 차례차례 열릴 것이며, 당신을 성장시키기 위해 모든 사건들이 1초의 오차도 없이 완벽한 타이밍으로 일어나고 있다는 것을 알게 될 것입니다.

　현실은 당신의 마음이 만드는 것입니다. 자신을 신뢰하면 가능성으로 충만한 현실을 보여줍니다. 자신을 신뢰하지 않으면 거울처럼 당신을 배반하는 현실을 보여줍니다. 현실을 바꾸는 것은 당신 자신입니다.

그리고 새로운 세계는 작은 행동 하나에서 시작됩니다. 이 책을 끝까지 다 읽었다면 어떤 작은 행동이라도 좋습니다. 한 걸음 내딛기 바랍니다. 몇 년 후에 목표를 실현하고 자신의 성공에 전율할 정도로 감동할 때 당신은 기억해낼 것입니다. 이 한 걸음이 모든 일의 시작이었다고.

마지막으로 백만 번 감사드립니다. 이 책의 내용은 도저히 나 혼자만의 힘으로는 쓸 수 있는 것이 아니었습니다. 이 책에서 제시했던 아이디어 대부분은 위대한 선인들의 지혜, 그리고 나의 소중한 친구들과 토론을 나누면서 얻은 것들입니다. 이 자리에서 모든 이의 이름을 거론할 수는 없지만, 생각나는 분들부터 감사의 인사를 드리고자 합니다.

Photo Reading Whole Mind System의 개발자이신 폴 쉴리 박사님, 그리고 나의 포토 리딩 지도 강사인 리네트 아이리스 여사님. 이분들로부터 내 인생에서 가장 임팩트 있는 지식을 배웠습니다. 나는 이분들이 완성한 지식이 인간의 진화에 미치는 엄청난 영향력을 생각할 때마다 너무나 감동스럽습니다.

'그림자'의 중요성에 대한 가르침을 주었던 요코하마 국립대학교의 호리노우치 타카히사 교수님. 나의 친구 하시모토 나오미 선생, 마케팅부터 예술의 본질까지 폭넓은 토론을 할 수 있었던 나의 벗이자 감성 마케팅 개발자인 고사카 유지. 이들이 없었다면 나의 금전적인 작은 성공은 정말 무미건조했을 것입니다.

또한 인터뷰 요청을 흔쾌히 허락해준 국제유통그룹 야오한의 초대 회장 와다 카즈오 씨, 석세스 마스터success master 제임스 스키너 씨, 작가 나카타니 아키히로 씨, 마이크로소프트 전 일본 대표 나루게 마코토 씨. 주식회사 산마르크Saint-Marc Bakery-Restaurant의 카타야마 나오유키 사장. 이들이 보여준 통찰은 이 책 곳곳에 살아 있습니다.

매우 열정적이고 일본을 변화시키는 중심적인 존재가 될 고객획득실천회 3600개 사의 멤버들과 실천회 파트너 컨설턴트 14분, 그중에 특히 리더 격인 어시스트 경영의 대표 사와다 타츠야 씨. 이들과 지내온 지난 몇 년은 내 인생의 수십 년을 능가합니다. 감사합니다.

그리고 이 애송이의 다듬어지지 않은 거친 성공 법칙을 읽어준 독자 여러분. 눈꼴사납고 지겨운 표현이 많이 있었으리라 생각됩니다. 그것은 성공 법칙을 다 아는 듯한 얼굴로 쓰기보다는, 거칠지만 있는 그대로 다 쏟아내는 편이 낫겠다는 판단에서 나온 의도적인 이유에서입니다.

끝까지 읽어준 데 대해 감사의 인사를 드립니다. 진심으로
감사합니다.

당신의 비상식적인 성공을 기원하며

간다 마사노리

열흘 만에 쓰고 50만 부를 판매한, 가장 특이하면서 두 번 다시 쓰지 못할 책

간다 마사노리의 《비상식적 성공 법칙》은 일본에서 2002년 6월에 출판되었다. 그해 7월, 일본 출장 중에 평소처럼 서점에 들러 신간들을 둘러보다가 친숙한 작가가 쓴, 제목이 독특한 이 책을 보았다. 그날로 구입해 바로 읽었는데, 그 책은 6쇄본이었다. 출간 한 달 만에 무려 6쇄를 찍은 것이다. 그렇게 이 책은 일본에서 50만 부 넘게 팔렸다. 그의 책 중에서 가장 많이 판매되었고, 여전히 찾는 사람들이 많아 개정판으로도 출간되었다.

한국에서 얼마 전에 출간된 《무조건 팔리는 카피 단어장》의 저자로 알려진 간다 마사노리는 〈지큐GQ〉 일본판에서 '톱 마케터'로 선정될 정도로 일본의 마케팅계를 이끌어가고 있는 인물이다. 그의 직함은 여기에서 그치지 않는다. 번역서를 포함해 80권 넘는 책을 쓴 베스트셀러 작가이고, 일본에서 2만여 명의 경영자를 지원하는 경영 컨설턴트다. 주식회사 알마크리에이션ALMACREATION의 대표, PASONA 법칙으로 유명한 세일즈 카피라이터, 그리고 포토 리딩Photo Reading을 일본에 보급하고 퓨처 매핑Future Mapping을 고안한 개발자이자 교육 사업가로도 그의 유명세와 영향력은 엄청나다.

내가 간다 마사노리를 알게 된 것은 1999년 무렵이었다. 당시 나는 광고회사를 다니고 있었는데, DRMDirect Response Marketing이라는 마케팅 개념을 일본에 처음으로 제대로 알린 그의 책을 접하게 되었다. 그의 통찰력을 직감한 나는 몇 권의 책을 더 보았고, 새로운 책이 출간될 때마다 거의 빠지지 않고 읽었다. 나와 동갑이었고 비슷한 분야, 관심 있는 분야에서 앞서 가고 있는 그를 주목하지 않을 수 없었다.

그러다 2016년쯤이었던가. 동경에서 120년이나 된 출판사를 운영하는 고등학교 동창(일본인)을 만났는데, 그의 대학교 절친이 간다 마사노리라는 이야기를 듣고 깜짝 놀랐다. 그가 내 친구의 친구, 그것도 절친이라니! 그때부터 나는 간다 마사노리에 대해 일과 관련된 단순한 관심과 호감을 넘어 개인적인 친밀감까지 갖게 되었다.

비록 일방적이긴 하지만 그 인연 이후 나는 간다 마사노리가 활동하는 교육 영역에도 관심을 갖게 되었다. 그래서 일본을 방문할 때마다 일부러 시간을 내어 그의 회사에서 주관하는 다양한 교육을 들었다. 간다 마사노리가 창설한 일본 최대 규모의 독서 모임인 리드포액션Read For Action에서 교육받으며 리딩 퍼실리테이터Reading Facilitaror 자격증도 취득했다. 그리고 2017년에는 '포토 리딩'과 '퓨처 매핑'의 마스터 과정을 이수하면서 그의 20년 마케팅 총결산이라고 할 수 있는 '간다 마사노리의 마케팅 스쿨'을 1기생으로 수료했다. 내게도 흥미 있는 분야였거니와 삶을 풍요롭게 하는 유익한 배움에 흠뻑 빠져들었던 것이다.

그 당시 나는 작은 회사를 이끌고 있는 대표로서 일과 병행하면서 순전히 '내가 좋아서' 일본과 한국을 오가며 자격증을 따고, 정기적인 소규모 독서 모임도 주관해나갔다. 결국 간다 마사노리와의 인연은 2018년 일본에서 내가 출간한 책을 그가 페이스북에 직접 소개해주면서 직접적으로 연결되었다. 생각해보면 하루하루 바쁜 와중에도 기꺼이 내 시간과 돈을 투자하면서 그의 노하우들을 배웠던 것은 운명이고 필연이었던 듯하다. 당시의 그 이끌림과 열정은 결국 지금의 내 업으로까지 이어지는 인생의 인연이 되고 있으니 말이다.

다시 책으로 돌아가보자.

이 책《비상식적 성공 법칙》은 간다 마사노리가 이런 책은 두 번 다시는 쓸 수 없다고 말하는 그의 유일한 '성공 법칙'에 관한 이야기다. 불과 37세에 로큰롤을 들으며 단 열흘 만에 썼다는데, 애초에 쓸 계획에도 없었다고 한다. 우연히 청년들을 대상으로 한 직설적이고 솔직하고 거침없었던 '비상식적인 7가지 성공 법칙'이라는 강연이 대히트를 하며 끊이지 않는 요청에 따라 생각지도 않게 쓴, 그의 책 중에서도 가장 특이한 책이다. (제8습관은 책을 쓰면서 추가되었다.)

이 책이 반향을 불러일으킬 수 있었던 것은 책 중간중간에서 볼 수 있듯이 스스로 졸부라고 칭하며 성공 법칙에 대해 멋쩍고 불편한 태도를 취하지만, 기존 성공 신화의 미덕과는 제법 동떨어진 간다 마사노리만의 '비상식적인' 성공 메커니즘을 숨김없이 드러낸 데 있다. 그러다 보니 솔직한 그의 본심이 정돈되지 않고 다소 거칠게 쓰였고, 결과에 신경 쓰지 않았기에 다시는 들춰보고 싶지 않다고 말했다. 또한 자신의 독특한 철학이 담긴 마케팅, 세일즈, 그리고 성공 법칙에 대해 그가 전하고 싶은 가장 기본적이고 핵심적인 내용들을 모두 쏟아냈기에 두 번 다시 쓰지 못할 책이라고도 평했다. 결과적으로 일본에서는 출간된 지 한참이나 지난 지금도 이 책이 꾸준히 읽히고 있고, 독립과 성공을 꿈꾸는 많은 이들이 여전히 찾는 스테디셀러가 되었다.

사실 이 책은 2003년에 국내에 번역 출간된 적이 있다. 국내에서 마케팅 관련 업무를 하는 사람들 사이에서는 간다 마사노리를 모르는 이가 없을 정도였고 전문가들에게는 필독서였지만, 허를 찌르는 그의 이야기를 받아들이기 쉽지 않았던지 책은 절판되었다. 그런데 최근에 간다 마사노리 마니아층이 형성되고 입소문이 나면서 중고가 30만 원 넘는 가격에도 구매 붐이 일어날 정도로 다시 유명세를 타기 시작했다. 그나마 중고 책도 많지 않아 수소문하면서 찾아내기도 힘들 정도였다.

그런 시점에서 이 책이 재출간되는 것은 매우 의미 있는 일이다. '간다 마사노리 책 중에서 어떤 책부터 읽어야 할까요?' 혹은 '한 권만 꼽으라면 어떤 책을 추천하나요?'라는 질문에 항상 난처했는데, 이제는 마음 편히 권해줄 수 있게 되어 나로서도 매우 기쁘다. 무엇보다 간다 마사노리의 책 중에서 가장 기본이자 핵심적인 내용을 깔때기로 걸러놓은 듯한 이 책을 거의 원문 그대로, 저자의 혼이 담긴 호흡을 따라가며 번역할 수 있어서 가슴 벅차고 감사하다.

간다 마사노리는 이 책을 쓰면서 책의 제목을 '당신의 연 수입을 10배로 늘린다'로 정해두었는데, 출판사의 결정에 따라 '비상식적 성공 법칙'으로 바꾸었다고 한다. 그러다 보니 책의 주요 내용은 연봉을 10배로 늘리며 성공할 수 있는 비상식적인 노하우에 관한 것이다.

여기서 '비상식적'이라는 용어는 성공한 사람들이 스스로 명분을 찾아 미화하거나 흐트러짐을 경계하는, 누구나 납득할 만하지만 지극히 윤리적인 미덕에 그치고 있음을 까발리는 용어다. 그렇다고 이 책의 메시지가 '비윤리적'이라는 의미는 아니다. 우리가 너무나 당연하게 생각해왔던 상식을 뒤엎고 진정으로 자기가 원하는 것을 이루게 하는 인식의 전환을 의미한다. 그렇다면 책에 나오는 비상식적인 8가지 습관을 하나씩 살펴보자.

제1습관, 하기 싫은 일을 찾아낸다. 우리는 대부분 자기 자신에 대해 누구보다 잘 알고 있다고 생각하지만 의외로 그렇지 않은 경우가 많다. 간다 마사노리는 진정으로 자신이 하고 싶은 일을 찾으려면 오히려 하기 싫은 일을 먼저 명확히 찾아내야 한다고 말한다. 그리고 자신이 원하는 목표를 종이에 써보는 것이 중요하다고 강조한다.

제2습관, 자신에게 최면을 건다. 여기에서는 현실을 구축하고 컨트롤하기 위해 잠재의식을 새롭게 프로그래밍하는 방법이 제시되어 있다. SMART 원칙에 따라 목표를 적고 클리어파일에 넣어 가지고 다니는 습관을 제시한다.

제3습관, 내가 바라는 직함을 만든다. 슈퍼컴퓨터인 우리의 뇌는 셀프 이미지에 따라 현실을 선택적으로 만들어낸다. 셀프 이미지를 개선하는 여러 가지 직함을 만들면 '내가 원하는 나'로 변화할 수 있다.

제4습관, 목표 달성에 필요한 정보를 수집한다. 많은 양의 정보를 수집, 처리하고 발상력을 높이기 위해 오디오와 포토 리딩 기법을 이용하는 공부법을 제시하고 있다.

제5습관, 고자세로 영업한다. 세일즈의 개념을 완전히 뒤엎어버리는 이 습관을 보면서 통쾌함마저 느꼈다. 저자세로 부탁하는 영업 대신 거절하는 영업, 면접을 통해 세일즈맨이 고객을 구별함으로써 고객이 먼저 찾아오게 하는 성공적인 영업 노하우를 전수한다.

제6습관, 돈을 몹시 사랑한다. 돈은 그 자체가 하나의 에너지로, 돈을 사랑하는 사람과 돈이 많은 곳에 몰린다. 그렇기에 돈에 대한 죄악감을 씻어버리고 돈이 들어오는 흐름을 만들어야 한다.

제7습관, 결단을 내리는 사고 과정을 배운다. 성공에 필요한 것은 대단한 결단력이 아니라 성공 시나리오를 구체적으로 설계하면서 현재와 미래를 연결하는 우리의 행동력과 상상력임을 알려준다.

제8습관, 성공에는 빛과 그림자가 있음을 기억한다. 동전에 앞면과 뒷면이 있듯이 성공의 이면에는 어두운 면이 분명 존재한다. 따라서 완벽을 지향하지 말고 가족을 소중히 여기며 돈을 가치 있고 유용하게 써야 함을 강조한다.

이처럼 8가지 습관과 함께 자신의 현실을 직접 만들어내는 심리학, 뇌과학 등 핵심을 꿰뚫는 내용들을 보면서 그의 통찰력에 감탄이 절로 나온다.

그런데 성공을 위한 8가지 습관은 의외로 쉽고 단순해서 대부분 '설마?' 하며 확신이 들지 않을 수 있다. 이를테면 어떠한 제약도 두지 말고 마음이 원하는 목표를 종이에 적는 일, 그리고 아침저녁 그 목표를 읽는 습관 등 말이다. 그러나 애초에 계획에도 없던 이 책이 출간되었던 이유, 그리고 입소문을 타고 여전히 팔리는 이유는 '설마?' 하면서도 일단 실행해보니 목표가 이루어지는 놀라운 경험을 한 사람들이 계속 나오기 때문임을 기억하자.

이 책은 상식을 뒤엎는 비상식적인 8가지 성공 습관을 알려주는 책이다. 그러니 일단 그중 한 가지 습관만이라도 실행하여 성공을 현실화하는 작은 경험을 해보는 것이 가장 중요하다. 성공은 무척 어렵고 대단한 일이라고 주입받은 생각이 우리의 성공을 가로막고 있다는 저자의 말에 백번 수긍이 간다. 그런 관점에서 보면 저자의 비상식적인 8가지 성공 법칙은 더 이상 비상식적이지 않다. 오히려 그에게는 지극히 상식적일 뿐이다.

이 책을 접한 순간부터 이제 우리에게 필요한 것은 상식을 넘어서고 깨뜨리는 인식의 전환과 일단은 해보자는 단순한 실행력이다. 그런 경험을 통해 우리는 상상 이상의 풍요로움과 자유를 누리는 부의 추월차선으로 진입할 수 있게 된다.

프롤로그에서 간다 마사노리는 자기처럼 성공한 이들이 더 많아지길 바란다고 썼다. 그는 세상을 위해 아낌없이 돈을 쓸 수 있는 성공한 동료들이 좀 더 많아지도록 하는 것이 이 책을 쓴 목적이라고 했다. 이는 이 책을 번역하고 다시 한 번 우리나라에 소개하면서 희망하는 나의 바람이기도 하다.

마지막으로 20년 이상 간다 마사노리의 책을 읽고, 그가 주관하는 교육을 이수하며 국내에서 '간다 마사노리 소셜클럽'을 운영해온 나에게 그의 대표 도서를 번역하고 소개할 수 있는 기회를 준 생각지도 출판사에 감사의 인사를 전한다.

—서승범

당신은 세상에 얼마나 가치 있는 것을 주고 있는가?

당신은 다른 사람에게 얼마나 도움이 되고 있는가?

부의 추월차선에 올라타는 가장 강력한 8가지 습관
비상식적 성공 법칙

1판 1쇄 발행 2022년 6월 30일
1판 19쇄 발행 2024년 12월 12일

지은이. 간다 마사노리
옮긴이. 서승범
기획편집. 김은영, 하선정
외부교정. 이미정
마케팅. 이운섭
디자인. Mallybook

펴낸곳. 생각지도
출판등록. 제2015-000165호
전화. 02-547-7425
팩스. 0505-333-7425
이메일. thmap@naver.com
블로그. blog.naver.com/thmap
인스타그램. @thmap_books

ⓒ 간다 마사노리, 2022
ISBN 979-11-87875-23-9 (03320)